BusinessVillage

Gracia Thum

ENCOURAGE

Mut zu Veränderung

Klarheit
Entscheidungsstärke
Wirksamkeit

BusinessVillage

Gracia Thum
Encourage
Mut zu Veränderung
1. Auflage 2017
© BusinessVillage GmbH, Göttingen

Bestellnummern
ISBN 978-3-86980-347-0 (Druckausgabe)
ISBN 978-3-86980-348-7 (E-Book, PDF)

Direktbezug www.BusinessVillage.de/bl/999

Bezugs- und Verlagsanschrift
BusinessVillage GmbH
Reinhäuser Landstraße 22
37083 Göttingen
Telefon: +49 (0)5 51 20 99-1 00
Fax: +49 (0)5 51 20 99-1 05
E-Mail: info@businessvillage.de
Web: www.businessvillage.de

Layout und Satz
Sabine Kempke

Grafiken im Buch
Christine Arnstadt, Dresden

Druck und Bindung
www.booksfactory.de

Inhaltsverzeichnis

Über die Autorin Gracia Thum

Gracia Thum ist seit zwanzig Jahren in Coaching und Training tätig. Sie ist Expertin in den Themenbereichen Achtsamkeit und Persönlichkeitsentwicklung. Seit 2006 ist sie Partnerin bei Dietz Training und Partner, dem Marktführer für Emotionale Intelligenz in Deutschland. Beim Wunsch nach persönlicher Veränderung wird die Fähigkeit, klug und mutig zu handeln, oft unterschätzt. Daher hat sie sich auf die Frage spezialisiert, wie Mut als erlernbare Kompetenz vermittelt werden kann. 2016 gründete sie gemeinsam mit ihrer Kollegin Juliane Kluge das Encourage-Institute, in dem Coaching, Training und Vorträge zum Thema Mut angeboten werden. Aktuell betreibt Gracia Thum eine Coaching-Praxis in Dresden, wo sie mit ihrem Mann und ihren drei Kindern lebt.

Kontakt
E-Mail: info@graciathum.de
Web: www.encourage-institute.de

Vorwort – Den Mut zurückerobern

Ich möchte Sie einladen, mit mir auf eine Reise zu gehen. Eine Reise hin zu mehr Mut, mehr Selbstbestimmtheit und mehr Zufriedenheit. Was erwartet Sie auf dieser Reise?

Dieses Buch will kein Ratgeber zur Selbstoptimierung sein. Es soll auch kein überzogenes Heldenbild transportieren. Mein Anliegen ist vielmehr die Komplexität um alles, was mit Mut und Überwindung von Angst zu tun hat, zu entwirren und verdaubar zu machen. Dabei werden Sie Mut als eine Kompetenz kennenlernen, die Ihnen hilft, Ihre Werte und Sehnsüchte zu verwirklichen. Sie bekommen auf dieser Reise eine stabile Ausrüstung, die Ihnen helfen kann, die Herausforderungen, mit denen mutiges Handeln verknüpft ist, in Zukunft besser zu meistern.

Alle Kapitel sind ähnlich aufgebaut. Am Anfang jeden Kapitels finden Sie eine Abbildung, die veranschaulicht, in welcher Phase der Reise Sie sich befinden. Zusammenfassungen am Kapitelende geben Ihnen einen Überblick. In Anregungen zur Umsetzung in der Praxis lade ich Sie ein, Dinge auszuprobieren und ihre eigenen Erfahrungen zu machen. Als Ihr Reiseführer weiß ich, dass Sie zu guter Letzt Ihren eigenen Weg in Ihrem eigenen Tempo finden werden. Manches werden Sie dabei am Wegesrand liegen lassen, weil Sie es nicht brauchen. Manches werden Sie ein wenig verändern, weil es dann erst so richtig passt. Und manches werden Sie in Ihre Grundausrüstung übernehmen, weil es Ihnen wirklich hilft.

Dieses Buch hat zwei Botschaften für Sie:

1. Mut ist nicht einfach nur angeboren oder in den Genen festgelegt. Wir werden alle mit einer großen Portion Neugierde und Mut, Neues zu wagen, geboren. Durch emotionale Erfahrungen, die wir in unserer Biografie machen, geht dieser Mut uns manchmal verloren. Weder in der frühkindlichen Bildung noch im Schulsystem wird die Kompetenz, klugen Mut zu leben, vermittelt. Doch Mut ist eine Kompetenz, die sich auch im hohen Alter noch formen lässt.

2. Mut zu leben, lässt sich erlernen und trainieren. Genauso wie prägende Ereignisse in unserem Gehirn eine Phobie oder Angststörung hinterlassen können, so können wir über gezielte Techniken an unserer Selbststeuerung arbeiten und unserem Gehirn gewissermaßen beibringen, mutiger zu werden.

Dieses Buch und das hinter dem Buch stehende Encourage-Konzept habe ich gemeinsam mit meiner Kollegin und Freundin Juliane Kluge entwickelt. Juliane und ich arbeiten seit vielen Jahren in Coachings und Trainings zusammen. Uns beide verbindet eine gemeinsame Neugierde und Forscherdrang rund um das Thema Mut. Viele gute Gedanken sind im Dialog entstanden. Dieses Buch hätte es ohne den bereichernden Austausch mit Juliane nicht gegeben. Auch wenn ich hier als Autorin auf dem Buch stehe, so ist es für mich doch ein über Jahre gewachsenes, gemeinsames Werk.

Alles, was Sie hier lesen, fußt auf meiner Erfahrung im Coaching und Training. Dabei habe ich nicht nur positive Beispiele in das Buch aufgenommen. Auch Situationen und Erfahrungen, in denen meine Klienten oder auch ich nicht mutig waren, werden Sie hier finden. Alle Beispiele aus meiner Coaching-Arbeit sind leicht abgewandelt und die Namen der Klienten wurden ersetzt, um die Vertraulichkeit gegenüber ihnen zu wahren. Wenn ich die männliche Schriftform verwende, spreche ich damit immer auch Frauen an.

Ich bin überzeugt, wenn Sie sich mit der Lektüre dieses Buches auf eine Reise zu sich selbst einlassen, dann werden Sie am Ende Ihren ganz individuellen Weg zu Mut und Selbstbestimmung finden.

Einführung –
Wie ich »Encourage« als Thema
entdeckte

»Das Geheimnis des Glücks ist die Freiheit.
Und das Geheimnis der Freiheit ist der Mut.«

Perikles (490 – 429 vor Christus), Staatsmann in Athen

Es ist nicht einfach, mutig zu sein. Niemand ist stolz darauf, wenn er seine Werte und Sehnsüchte nicht lebt, weil ihm der Mut fehlt. Viele Menschen harren in einem Leben aus, das sie nicht lieben. Das vertraute Dasein fühlt sich nicht gut, aber sicher an. Der Mut, Neues zu wagen, geht im entscheidenden Augenblick oft verloren. Das muss nicht so sein. Wir können lernen, mutig zu leben und unsere Ängste zu überwinden.

Wir leben in einer Zeit der Freiheit. Nie zuvor gab es so wenige Restriktionen auf der moralischen, religiösen und auch existenziellen Ebene. Und trotz all dieser Freiheiten schöpfen wir nur einen Bruchteil unserer Möglichkeiten aus. Die größten Barrieren liegen dabei nicht im Außen, sondern in uns selbst. Mit dieser Erkenntnis beginnt unsere Reise. Denn in Ihnen liegt der Schlüssel zu Veränderung. Die inneren Barrieren entstehen im emotionalen Teil unseres Gehirns, dem limbischen System, das seit Jahrtausenden für unser Überleben sorgt. Aus diesem Teil des Gehirns kommen Ängste, die manchmal irrational und überzogen sind und sich einem erfüllten Leben entgegenstellen. Aus ihnen entsteht ein Gap (aus dem Englischen: die Lücke, der Spalt, das Loch) zwischen Wunsch und tatsächlichem Handeln.

Dieses Gap wahrzunehmen und zu überwinden, darum geht es. Den Entschluss, mutig zu handeln und für uns einzustehen, fassen Menschen nicht nur in zentralen Lebensentscheidungen. Das mutige Handeln setzt sich aus vielen kleinen unauffälligen Einzelentscheidungen in unserem Alltag zusammen. Um diese kleinen und manchmal auch größeren Momente geht es hier. Ihnen will ich die Aufmerksamkeit geben, die sie verdienen.

Aus gutem Grund habe ich mich für den Titel *Encourage* entschieden. »En« steht für »zu etwas hin« und in dem Wortstamm »Courage« liegen die beiden Bedeutungen »Mut« und »Herz«. Für mich bedeutet Encourage »hin zum Mut und zum Herz«. Ich verstehe und erlebe Encourage als eine Kompetenz, die erlernbar und trainierbar ist.

Meine Geschichte mit Encourage ist auch eine sehr persönliche. Ich bin von meiner Grundausstattung her weder besonders mutig noch besonders unabhängig. Ich weiß genau, wie es sich anfühlt, wenn ich jemandem sagen muss, dass sein Verhalten mich ärgert. Ich weiß auch, welches Gap sich auftut, wenn ich Menschen, die mir am Herzen liegen, enttäuschen muss. Und nur zu gut kenne ich den Rückzug in die eigene sichere Komfortzone, wenn Scheitern droht.

Schon lange beschäftige ich mich daher aus purem Eigennutz mit dem Thema Mut. Nachdem ich begann, mich und meine Umwelt gezielt unter dem Aspekt des fehlenden Muts wahrzunehmen, wurde mir immer deutlicher, wie zentral dieses Thema ist und wie sehr es unterschätzt wird. Mut und Handlungsfähigkeit sind eng verbunden.

Das aktuelle Thema Resilienz, also die persönliche Fähigkeit zu Widerstandskraft und Belastbarkeit, steht und fällt mit Mut. Ohne den Mut in konkreten Situationen, nein zu sagen oder sich abzugrenzen, hilft kein Resilienz-Buch und auch kein Resilienz-Training. Ein anderer Bereich ist das Management. Seit Jahren trainiere ich mit einem Netzwerk von Partnern bestehend aus Psychologen, Ärzten und ehemaligen Managern, Führungskräfte unterschiedlichster Ebenen. Sprechen wir in Seminaren das Thema Mut an, entsteht sofort eine Diskussion über Anspruch und Wirklichkeit. Mitarbeiter wünschen sich klare und faire Führungskräfte, die Entscheidungen treffen und den Mut haben, unangenehme Situationen auszuhalten, Führungskräfte, die selbst mutig sind und mit mutigen Mitarbeitern umgehen können. Führungskräfte wünschen sich ehrliche und eigenverantwortliche Mitarbeiter, die Ängste überwinden und bereit sind, sich auf Neues einzulassen. Was oft fehlt, ist der Mut, diesen Anspruch zu leben. Mut kann an so vielen Stellen in Unternehmen zu mehr Kreativität, Innovation und Freude an der Arbeit führen.

So begann ich mich zu fragen, was uns helfen kann, mutiger zu werden und ob Mut eine Kompetenz ist, die erlernbar ist. Ich analysierte, was die konkreten Situationen, in denen Mut fehlt, ausmacht. Ich machte mich auf die Suche nach Ressourcen und Techniken, die helfen, mutiger und überzeugender zu werden.

Meine Reise ist bei Weitem nicht abgeschlossen. Ich werde noch an manchen Gap-Situationen scheitern. Aber ich bin mir sicher, dass es sich lohnt, weiter auf dem Weg zu mehr Mut zu gehen und viele Menschen für diesen Weg zu gewinnen.

Dieses Buch ist für mich erfolgreich,

- wenn Sie beim Lesen auf immer mehr Mut-Situationen in Ihrem Leben stoßen,
- wenn Sie das Gap zwischen Wunsch und Handeln wahrnehmen,
- wenn Sie spüren, dass ohne Mut Ihre Integrität und Lebensfreude bedroht sind,
- wenn Sie den Weg in emotional neues Gelände wagen,
- wenn Sie sich immer wieder die Frage stellen, ob Sie mutiger sein könnten,
- wenn Sie die Erfahrung machen, dass sich mutiges und klares Handeln lohnt,
- und wenn Sie Lust haben, diesen Weg weiter zu gehen.

Dann hat sich mein Mut, dieses Buch für Sie in Angriff zu nehmen, gelohnt.

Kapitel 1:
Der Sinn – Mut für Alltagshelden

●　●　●　●　●　●　●　●　●　●　●　●　●　●　●　●　●　●

»Sinn ist das, wofür ich bereit bin, etwas auf mich zu nehmen.«

Peter Cerwenka, *1942, Verkehrswissenschaftler

In welchen Situationen wären Sie gerne mutiger? Was würden Sie dann gewinnen? Wie würde sich Ihr Leben verändern? Stellen Sie sich diese Fragen manchmal? Halten Sie die Antworten aus?

Die Weltgeschichte ist voll von Menschen, die Mut und Standkraft gezeigt haben. Die Geschwister Scholl, der Dalai-Lama, Nelson Mandela und viele andere sind solche Ikonen des Mutes. Oft sind diese Ikonen jedoch weit weg von unserem Alltagsleben. Wir bewundern sie; aber der Abstand zwischen uns und ihnen scheint zu groß, um daraus eine Inspiration für unseren Alltag zu ziehen. Es geht mir hier weniger um die radikalen mutigen Helden. Mir geht es um den Alltagsmut, um die vielen kleinen und manchmal unauffälligen Momente, aus denen sich unser Leben zusammensetzt und in denen wir lernen können, mutiger zu werden.

Es gibt eine Menge von Menschen, die uns im Alltag zeigen, wie viel Mut möglich ist. Menschen, die nicht nur in den großen Lebensfragen, sondern in kleinen Alltagssituationen mutig und aufrecht handeln. Menschen, die uns zeigen, dass so viel mehr möglich ist, als wir denken. Mit ihnen will ich unsere Reise zu mehr Mut beginnen.

1.1 Mut zu Ehrlichkeit

An einem Elternabend eines meiner Kinder ging es um die Gestaltung der Abschlussfahrt. Hoch engagierte Eltern und Lehrer begeisterten sich für den Besuch von Disneyland Paris oder des Wachsfigurenkabinetts in London. Wir freuten uns alle, unseren Kindern solche wunderbaren Möglichkeiten bieten zu können. Da stand die Mutter einer achtköpfigen Familie auf und sagte, dass es für ihre Familie einfach nicht möglich sei, eine Reise von über 400 Euro zu finanzieren, und ihr Sohn bei diesen ambitionierten Plänen zu Hause bleiben müsse. Ich erinnere mich gut an die Stille und Betroffenheit, die nach ihrem Einwand herrschten. Und ich weiß noch, welch großen Respekt ich für diese Frau empfand. Sie hatte sich in der allgemeinen Begeisterung getraut, zu sich und ihrer Situation zu stehen. Sie hatte uns alle mit ihrer Realität konfrontiert. Mit der Realität, dass nicht alle Eltern automatisch einen größeren Betrag für so eine Reise zur Verfügung haben. Alle möglichen Reaktionen sind bei so einem Szenario denkbar. Ich war erleichtert, dass es uns an diesem Elternabend gelungen ist, einen guten gemeinsamen Konsens zu finden.

In einem Workshop, der unter der Atmosphäre von angespannter Stille und wenig Beteiligung litt, meldete sich ein Mitarbeiter und traute sich, zu sagen, dass er enttäuscht und frustriert sei, weil nichts von den im vorherigen Workshop vereinbarten Zielen und Veränderungen von der Führungskraft umgesetzt worden wäre. Die ehrliche Aussage des Mitarbeiters stand zunächst in einem Raum voller Spannung und Unsicherheit. Es dauerte eine ganze Weile, bis sich Kollegen fanden, die seine Sichtweise teilten. Es dauerte eine noch längere Weile, bis die Führungskraft in der Lage war, die Sichtweise der Mitarbeiter ernst zu nehmen und sich darauf einzulassen. Rückblickend hat dieser mutige Mitarbeiter die Tür für eine ehrliche, wenn auch schwierige Diskussion geöffnet.

Mit Sicherheit ist es diesen Menschen in diesen Momenten alles andere als leichtgefallen, mutig zu sein. Mit Sicherheit mussten sie ein Gap überwinden, um klar für ihre Meinung einzustehen. Aber sie haben eine Menge gewonnen: Sie haben Einfluss genommen, haben ihre Integrität bewahrt und sich den Respekt und das Vertrauen der anderen verdient.

Wann könnte es sich für Sie lohnen, ehrlicher zu sein und mehr zu Ihrer eigenen Meinung stehen? Wann wollen Sie klarer und deutlicher Position beziehen? Was würden Sie dadurch gewinnen?

1.2 Mut, Grenzen zu setzen

Ein Großteil meiner Arbeit in Coaching und Training dreht sich um die Fähigkeit, in einer von Leistung und Machbarkeit dominierten Umgebung Grenzen zu setzen. Gerade den hoch engagierten und sehr leistungsbereiten Menschen, denen ihr Ehrgeiz und Engagement ein Leben lang zur Seite standen und sie erfolgreich werden ließen, fällt es unendlich schwer, anzuerkennen, dass es Grenzen der Belastbarkeit gibt. Dass es irgendwann nicht mehr möglich ist, alle Aufgaben zu erfüllen. Oft wird diese Einsicht erst gewonnen, wenn Körper und Seele ihre Mitarbeit verweigern. Dann ist es manchmal bereits zu spät. Daher zolle ich all den Menschen Respekt, die es schaffen, ihre eigenen Grenzen anzuerkennen.

Mir fallen nur wenige Klienten und Freunde ein, die sich trauen, Grenzen zu setzen. Mir fallen leider viel mehr Menschen ein, die diesen Mut nicht aufgebracht haben und daran fast zugrunde gegangen wären. Viele sehr leistungsorientierte Menschen scheitern an dieser Mut- und Einsichtsschwelle und manche enden sogar im Burn-out.

Wie viel an Mut und Autonomie braucht es, um in der täglichen Arbeit die eigenen Grenzen anzuerkennen und sich einzugestehen? Mich beeindruckt, wie Daniel Barenboim in einem Interview erklärte, er sichere sich jeden Tag eine Stunde Mittagessen wie eine Burg. Egal, was für wichtige Dinge erledigt werden müssen, egal, wie viel es zu proben und organisieren gibt, die Mittagsstunde sei ihm heilig.

Es gibt Menschen, die gelernt haben, diese Grenzen zu setzen und nein zu sagen. Wir sprechen hier nicht von den Menschen, die immer wieder geschickte Wege finden, sich vor der Arbeit zu drücken oder die über permanente Überlastung klagen, um nicht wirklich in die Verantwortung genommen zu werden. Die gibt es auch. Sondern wir sprechen hier von Menschen für die es Mut und Überwindung kostet, aus der Leistungsspirale auszubrechen. Oft sind das Personen, die einen gravierenden Schuss vor den Bug bekommen haben – ein Schlaganfall, ein Zusammenbruch, eine Scheidung – und die aus dieser extremen Erfahrung heraus gelernt haben, nein zu sagen.

Gibt es in Ihrem Leben Situationen, wo Sie genau diesen Mut, Grenzen zu setzen, brauchen? In denen Sie öfter nein sagen wollen? Was würden Sie gewinnen, wenn dieser Mut in Ihnen wachsen würde?

1.3 Mut, zu scheitern

Jedes Mal, wenn ich ins Theater gehe, bin ich voller Bewunderung für die Schauspieler, die sich über einen ganzen Abend dem gesamten Zuschauerraum stellen und denen ganz am Ende, kurz bevor der Schlussapplaus einsetzt, für einen kurzen Moment ihre Anspannung und Verletzlichkeit anzusehen ist. In diesen wenigen Sekunden glaube ich, sogar bei renommierten Schauspielern die Angst vor dem Scheitern zu sehen. Das ist der Moment, in dem ich höchsten Respekt habe vor der Wagnisbereitschaft.

Es finden sich viele Beispiele von dem Mut, etwas zu wagen, sich zu zeigen und vielleicht auch zu scheitern. In Biografien von erfolgreichen Unternehmern finden sich oft auch Niederlagen und Misserfolge. Sie zeigen uns, dass es im Leben nicht nur um die glatten Wege ohne Einbrüche geht, sondern darum, für das, was einem wichtig ist, einzustehen und aus den gemachten Erfahrungen zu lernen.

Tragen Sie Träume in sich, die Sie sich nicht zu realisieren wagen? Gibt es kleinere oder größere Projekte, an die Sie immer wieder denken, zu deren Realisierung Ihnen aber der Mut fehlt? Was wäre, wenn Sie beginnen würden, diese Träume zu leben?

1.4 Mut zu Verletzlichkeit

Es gibt eine Phase in Coaching-Prozessen, die zwar nicht immer eintritt, aber wenn sie eintritt, in mir einen starken Abdruck hinterlässt. In diesen Momenten halten meine Klienten nach viel Reden inne und sehen mich voller Unsicherheit an. Dann kommen sie auf den eigentlichen Kern Ihres Anliegens: auf Ihre Angst, zu versagen und nicht dazuzugehören, auf Ihre Sorge, sich blamiert zu haben, auf ihr Gefühl von Verlorenheit. In diesen Momenten ist so viel Verletzlichkeit im Raum. Sich selbst und anderen verletzliche Gefühle einzugestehen, ist alles andere als schwach. Dazu gehört so viel mehr Mut, als Fassaden von Souveränität aufrechtzuerhalten. Oft ist dieses mutige Sich-eingestehen, der erste Schritt für Veränderung.

Wir reden hier nicht über das ewige Lamentieren und Sich-selbst-leidtun, was nichts, aber auch gar nichts mit Mut zu tun hat und in der Regel auch keine Überwindung kostet. Wir reden hier davon, das Visier zu öffnen und mehr davon zu zeigen, wie es uns wirklich geht. Es fühlt sich sicherer an, in einem Konflikt mit dem Ehepartner ärgerlich und vorwurfsvoll zu werden, statt preiszugeben, dass man sich verletzt fühlt. Es ist so viel einfacher, die eigenen Ängste zu verdrängen, statt sich ihnen zu stellen.

Vielleicht kennen Sie die Sorge, zu viel preiszugeben oder zu verletzlich zu sein? Was würde sich in Ihrem Leben ändern, wenn Sie mehr zeigen könnten, wie es Ihnen wirklich geht? Welchen Menschen gegenüber würden Sie sich mehr öffnen wollen?

Diese alltäglichen Beispiele unserer Alltagshelden vermitteln, worum es mir bei Encourage geht. Sie helfen Ihnen, Ihre eigene Vorstellung davon zu finden, in welchen Situationen Sie mutiger sein können und was Sie dadurch gewinnen werden. Vermutlich haben Sie noch keine perfekte Vision davon, wie Ihr mutiges Leben aussehen könnte. Vielleicht ist es eher eine vage Idee. Das ist nicht schlimm. Encourage ist ein Konzept der kleinen Schritte. Erst einmal geht es darum, anzufangen.

Kapitel 2:
Das Gap – Orte, denen wir gerne ausweichen

● ●

»Das Gehirn ist eine großartige Sache.
Es funktioniert bis zu dem Zeitpunkt, wo du
aufstehst, um eine Rede zu halten.«

Mark Twain (1835 – 1910), Schriftsteller

2.1 Am Gap

Was passiert in Ihnen, wenn Sie aufstehen, um eine Rede zu halten? Was passiert in Ihnen, wenn Sie eigentlich ehrlich sein wollen? Kennen Sie solche Situationen, in denen Sie am Rand stehen und sich nicht weitertrauen?

Die Angst andere zu verletzen

»Was ist das Schwierigste für dich in dieser Situation?«, frage ich eine Teilnehmerin im Rahmen eines Führungskräfteseminars. Karin, eine sympathische und sehr engagierte Apothekenleiterin Ende dreißig, hat einen Fall aus ihrer Apotheke eingebracht. Eine Mitarbeiterin, die seit vier Jahren als Apothekerin und Vertretung für die Apothekenleitung tätig ist, kostet sie seit Langem alle Aufmerksamkeit und Kraft. Die Apothekerin tritt auf den ersten Blick freundlich und angepasst auf, ist aber von Anfang an mit der Führungsrolle vollständig überfordert. Konflikten mit Mitarbeitern geht sie aus dem Weg und schimpft hinter deren Rücken über sie. Wichtige Führungsaufgaben wie Entscheidungen über Urlaubs- oder Arbeitsplanung schiebt sie vor sich her. Dies führt zu großer Unzufriedenheit bei den Mitarbeitern. Man merkt Karin an, wie sehr sie der Konflikt mit der Apothekerin belastet. Sie hat bereits in Coaching und Training investiert, diverse Gespräche mit ihr geführt, aber es ändert sich nicht wirklich etwas.

Auf die Frage, was passieren würde, wenn die Mitarbeiterin von sich aus kündigen würde, seufzt sie: »Ich wäre so froh, aber die Vorstellung, ihr in die Augen zu blicken und die Kündigung auszusprechen, das ist das Allerschlimmste daran, ich weiß, sie wird weinen und am Boden zerstört sein. Das schaffe ich nicht.« Da ist es, das Gap. Eigentlich weiß Karin schon sehr lange, dass sie sich von der Apothekerin trennen will, aber die Angst, diese zu enttäuschen und zu verletzen, hält sie von dem klaren Gespräch mit ihr ab. Die Gründe für Karins Nichthandeln liegen in ihrer Persönlichkeit, in ihrer Art, der Welt zu begegnen und schwierigen Situationen aus dem Weg zu gehen. Der Preis, den sie für ihr Verbleiben in dem vertrauten Gelände des

Nichthandelns zahlt, ist groß. Sie hat bereits Schlafstörungen, hat die Freude an der Arbeit verloren und die Sorge um das Klima in ihrem Team wächst. Trotzdem erscheint das Gap zwischen Einsicht und tatsächlichem Handeln groß und unüberwindbar. Immer wieder schiebt sie das entscheidende Gespräch mit der Apothekerin vor sich her.

Ich erlebe täglich ähnliche Situationen im Coaching und Training. Der Schritt hinaus aus dem alten, vertrauten Gelände in neues, emotional unbekanntes Terrain fühlt sich oft gewagt und unbewältigbar an. Immer wieder bin ich fasziniert davon, wie sich in kürzester Zeit Haltung, Sprache und Stimme der Klienten verändern, wenn Sie von dieser Grenze berichten. Ich bezeichne die Grenze zu einem neuen, emotional unbekannten Gelände als Gap. Das Gap entsteht in Sekundenschnelle und fühlt sich wie ein großer Graben an, der nur schwer überwindbar scheint. Es zeigt sich in den unterschiedlichsten Situationen: bei Karin, wenn sie andere enttäuschen oder verletzen könnte. Bei meinem siebzehnjährigen Sohn, wenn er den Schritt hinaus aus seinem mit Filmbüchern und Kinoplakaten vollgestopften Zimmer in einen Workshop für Film und Regie scheut. Bei meiner kleinen Tochter, wenn sie eine Freundin, die eigentlich keine ist, zum Geburtstag einladen will. Bei einem Vorstandsvorsitzenden, wenn er einen strategischen Fehler eingestehen muss. Bei meinem Mann, wenn er seiner gebrechlichen Mutter sagen muss, dass sie nicht mehr alleine in ihrer Wohnung leben kann. Bei mir, wenn ich mich mit einem neuen Projekt nach außen wagen will und Angst davor habe, mich zu blamieren. Ständig stehen wir vor Situationen, in denen das Gap auftaucht. Sie unterscheiden sich in Inhalt, Intensität und Ausdrucksform, aber haben alle etwas gemeinsam: die Gefahr, den Mut zu verlieren und das, was uns wichtig ist, zu verraten. An dem Punkt, an dem es darum geht, etwas Neues zu wagen, ohne mit Sicherheit zu wissen, was die Wirkung sein wird, wartet das Gap, aber auch eine Chance.

Unser Gehirn steht in diesen Gap-Momenten Kopf. Was riskiert Karin tatsächlich, wenn sie das Gespräch mit der Apothekerin führt? Sie ist in der Lage, mit dem Team aus Mitarbeitern auch eine ganze Weile ohne Apothekerin auszukommen. Sie wohnt in einer attraktiven Stadt, in der die Gewinnung von Mitarbeitern in der Regel gut machbar ist. In den Zeiten, in denen die Mitarbeiterin im Urlaub ist, wird ihr bewusst, wie sehr sich Stimmung und Leistungskraft in der Apotheke verbessern. Die Arbeitskraft, die fehlt, tritt in den Hintergrund. Doch Karins Gehirn ist in dem Moment, in dem es darum geht, Klartext zu reden, voll von Gefühlen der Unsicherheit. Die emotionale Angst vor dem, was passieren könnte, ist meist deutlich überzogen. Rationalisierungen in Richtung »jetzt stell dich nicht so an« oder »jetzt mach doch einfach mal« greifen da zu kurz.

2.2 Es geht ums Überleben

Seit den 1990er-Jahren hat sich durch die Entwicklung von bildgebenden Verfahren unser Wissen über das, was in unserem Gehirn passiert, revolutioniert. Durch die Möglichkeit, in das Gehirn hineinzuschauen und die Aktivitäten zu verfolgen, während zum Beispiel emotionale Reaktionen ablaufen, können wir unsere rationalen, aber vor allem auch unsere nicht rationalen Verhaltensweisen besser verstehen und einordnen. Dieses bessere Verstehen hilft in der Regel. Wissen schafft noch keine Veränderung, aber oft Erleichterung. Was passiert also in unserem Gehirn, wenn wir am Gap stehen?

Unser Gehirn hat eine zentrale Aufgabe, der alle Funktionsbereiche untergeordnet sind: Überleben sichern. Alles andere ist zweitrangig. Es gibt drei zentrale Funktionsbereiche im Gehirn, die dieses Überleben sichern. Der evolutionär älteste Bereich unseres Gehirns, das Reptiliengehirn, befindet sich im Hirnstamm, unmittelbar über dem Punkt, an dem das Rückenmark in den Schädel eintritt. Vereinfacht gesagt, koordiniert es die wichtigsten, lebenserhaltenden Funktionen wie Atmen, Essen, Schlafen und Verdauen.

Nicht Sie entscheiden, ob Sie weiteratmen, sondern Ihr Reptilienhirn. Unmittelbar über dem Reptilienhirn befindet sich das limbische System. Dies ist der Sitz der Emotionen. Hier werden Gefühle registriert. Das limbische System trägt all die emotionalen Erfahrungen, die wir in unserem Leben gemacht haben, in sich. Es reagiert in Momenten, wenn wir uns bedroht oder nicht wertgeschätzt fühlen. Aber es reagiert auch in Momenten, die Aussicht auf Freude und positive Gefühle geben. Das limbische System ist kein starrer Apparat, sondern es wird geformt durch die emotionalen Erfahrungen, die wir im Laufe unseres Lebens machen. Unsere genetischen Anlagen und auch unser angeborenes Temperament haben Einfluss auf die Formung unseres limbischen Systems. Der jüngste Teil in unserem Gehirn ist der Neokortex, der rationale, kognitive Bereich, der circa dreißig Prozent unseres Raums im Schädel beansprucht. Dieser Teil des Gehirns beschäftigt sich hauptsächlich mit der Welt außerhalb von uns, mit der Frage, wie Dinge und Menschen funktionieren, mit unserer Fähigkeit, Ziele zu haben und Pläne zu schmieden.

Was passiert nun also am Gap? Gap-Situationen, in denen es darum geht, alte, vertraute Verhaltensmuster zu verlassen, sind gekennzeichnet von Unsicherheit und Unkalkulierbarkeit. Karin hat in ihrem Leben viel gelernt: Sie kann gut zuhören und auf Menschen eingehen; sie ist im Kundenkontakt unschlagbar. Doch die Fähigkeit, klar zu sein und andere möglicherweise zu enttäuschen, ist noch wenig erlernt. Da ist sie in guter Gesellschaft, das geht vielen von uns so. Was passiert in dem Moment, in dem sie emotional neues Gelände betreten will? Ihr limbisches System hat entweder noch keine Erfahrungen mit klarem und entschlossenem Handeln oder vielleicht sogar negative gemacht. Dementsprechend wird ein Alarm ausgelöst: Hier passiert etwas Neues, Unsicheres, das das Überleben gefährden könnte! Innerhalb von Sekunden werden Hormone wie Adrenalin ausgeschüttet, Herzschlag und Puls erhöhen sich und das Denkvermögen, also der rationale Bereich des Gehirns, wird eingeschränkt. Je nach vermutetem Gefährdungspotenzial kann dies in unterschiedlicher Intensität erfolgen. Karin beschreibt das Gap als ungutes Gefühl in der Magengegend, erhöhte Anspannung im Körper und einen Verlust der Orientierung und des klaren Ausdrucksvermögens. Alle Gap-Situationen haben gemeinsam, dass wir keinen vollständigen Zugriff auf die Fähigkeiten in unserem Neokortex mehr haben. Was sich zuvor in der Vorbereitung oder Planung noch klar und durchführbar darstellt, wird in dem Moment, in dem die Umsetzung ansteht, als überfordernd und verunsichernd erlebt. Der Weg zurück in das alte, vertraute Gelände scheint sicherer. Unser Gehirn will uns vor negativen Erfahrungen beschützen. Leider hinkt es aber in seiner evolutionären Entwicklung eine gewaltige Zeitspanne hinterher. Es bewahrt uns davor, vor fahrende Autos zu rennen, in Schluchten zu springen oder gegen einen Löwen zu kämpfen. Dafür sollten wir ihm dankbar sein. Aber es bewahrt uns aus Überalarmierung auch davor, Neues zu wagen, emotionale Risiken einzugehen und uns aus unseren alten, vertrauten Verhaltensmustern hinaus weiterzuentwickeln.

All dieses Wissen soll uns helfen, das emotionale Gap besser zu verstehen, sich all dessen bewusst zu werden und gehirngerechte Methoden zur Überwindung zu nutzen.

2.3 Unser Gehirn schlägt Alarm

Nicht ohne Grund bekommen die Gap-Momente so wenig Aufmerksamkeit. Sie passieren blitzschnell, sie fühlen sich unangenehm an und sie lassen sich ganz schnell vermeiden, indem wir zurück in unser altes Verhaltensmuster gehen. Oft passieren diese Rückzüge am Gap unbewusst und automatisch. Daher nennen wir diese typischen Reaktionen, die uns im vertrauten Gelände festhalten, auch Automatismen.

Ein erster Schritt, dem Gap die Führung in unserem Leben aus der Hand zu nehmen, ist, sich dessen Existenz bewusst zu werden und zu merken, was wir im Begriff sind, zu unterlassen. Es wird immer wieder Situationen geben, in denen wir uns entscheiden, nicht mutig zu sein, zu verharren oder bewusst zurückzugehen. Dagegen spricht nichts. Das ist Teil des Lebens und manchmal auch des Überlebens. Es geht mir nicht darum, per se mutiger zu werden. Mir liegt daran, die Bewusstheit für die Entscheidung zu schärfen und diese kleinen oder größeren Kapitulationen nicht im Unbewussten zu lassen. Woran merken wir also, dass wir am Gap stehen?

Es gibt typische Reaktionen des Körpers, die mit Gap-Situationen verbunden sind. Unsere Umgangssprache findet dafür wunderbare Bilder: »Ameisen im Bauch«, »Brett vor dem Kopf«, »den Boden unter den Füssen verlieren« und »kalte Füße bekommen« sind einige davon.

Welche körperlichen Reaktionen kennen Sie von sich in Gap-Momenten? Woran können Sie bemerken, dass Sie gerade dabei sind, den Mut zu verlieren?

Nicht nur der Körper reagiert, auch unser Denken verändert sich in Gap-Situationen. Gedanken wie: »Nur nicht auffallen«, »Oh Gott, ich könnte mich blamieren«, »Lieber nicht jetzt, das nächste Mal ...«, »Sollen doch die anderen was sagen« oder »Ich kann hier sowieso nichts machen« sind typisch am Gap. Kennen Sie solche Gedanken? In welchen Situationen treten diese auf?

Natürlich manifestieren sich die körperlichen und gedanklichen Reaktionen auch in Gefühlen am Gap. Eine innere Unruhe ergreift uns, ein Gefühl der Unsicherheit oder des Kontrollverlustes. Die emotionalen Reaktionen können bis zu Panikgefühlen reichen. Sie können sich aber auch in Gefühlen wie Abgeschnitten- oder Abgeblockt-Sein, zeigen. In Kapitel 4 werde ich mich diesen Gefühlen noch ausführlicher zuwenden.

Sie können sich sicher sein: In den Momenten, in denen Sie gerne mutiger wären, reagieren ihr Körper, Ihr Denken und Ihre Gefühle. Das sind die Momente, in denen Sie bewusster werden können. Das ist Ihre Chance für Veränderung.

2.4 Typische Vermeidungsstrategien

Ich will nicht nur von den Reaktionen sprechen, die am Gap stehend ausgelöst werden, sondern auch von dem, was in den automatisierten Rück-
zugsmomenten passiert. Sie können Ihre Bewusstheit für das, was Sie
unterlassen, schärfen, indem Sie sich mit Ihren typischen Grundmustern
der Vermeidung auseinandersetzen.

Um Ihnen die Reflexion zu erleichtern und Struktur in die unterschiedlichen und oft sehr individuellen Verhaltensmuster der Vermeidung zu
bringen, stelle ich Ihnen vier typische Muster vor. Die Abgrenzung ist theo-
retisch. In der Praxis mischen sich die Verhaltensweisen oft oder wechseln
sich gegenseitig ab.

Anpassung

Was verbinden Sie mit dem Wort Anpassung? Wann spielt Anpassung in
Ihrem Leben eine Rolle? Das Verhaltensmuster der Anpassung hilft uns
dabei, nicht anzuecken, nicht negativ aufzufallen, nicht aus Gruppen he-
rauszufallen. Typische Verhaltensmuster von Anpassung sind: zustimmen,
obwohl wir innerlich anderer Meinung sind, nicken und lächeln, obwohl
wir uns gerade ärgern und nicht überzeugt sind, uns lustig und humorvoll
zeigen, obwohl es uns gar nicht so gut geht. Kennen Sie solche Situationen
aus Ihrem Leben? Momente, in denen Sie einiges von sich verstecken, um
dazuzugehören? Das Gap wird spürbar, wenn es darum geht, eine andere
Meinung zu vertreten, Konflikte und Spannungen auszuhalten und unangenehme Dinge anzusprechen oder auch einfach nicht gruppenkonform zu
handeln. Dann reagiert Ihr limbisches System mit Gegrummel in der Magengegend, feuchten Händen oder einem Druck auf der Brust. Die Gedanken gehen in Richtung, »Ist ja nicht so wichtig«, »Der wird schon wissen,
was er tut«, »Was bringt es jetzt, sich da aufzuregen ...«.

Die Vorstellung, aus diesem Grundmuster der Anpassung auszubrechen, erscheint am Gap als bedrohlich und verunsichernd. Unser lange eingeübtes Verhalten der Anpassung fühlt sich so viel sicherer und vertrauter an. Das passiert bei großen Lebensfragen, aber auch in kleinen, unscheinbaren Situationen im Alltag. Wir verlieren eine Menge, wenn wir nicht lernen, das Muster der Anpassung zu verlassen. Es fällt uns schwer, herauszufinden, was wir eigentlich wollen, weil wir so viel Energie und Aufmerksamkeit einsetzen, um die Erwartungen der anderen zu erfüllen. Wir spüren oft sehr genau, dass wir nicht ganz aufrichtig sind. Manchmal verraten wir unsere Werte und Überzeugungen und schämen uns im Nachhinein dafür. Im tiefsten Inneren führt uns die Angst, nicht gemocht zu werden und nicht dazuzugehören. Und hier wird die Krux, aber auch die Traurigkeit deutlich: Unser limbisches System ist der festen Überzeugung, dass Anpassung die emotionale Sicherheit gibt, dazuzugehören und nicht ausgegrenzt zu werden. Bis zu einem gewissen Grad funktioniert diese Idee auch. Nicht selten kehrt sie sich aber ins Gegenteil. Nämlich dann, wenn ich als Mensch nicht mehr wirklich greifbar bin, wenn ich durch zu starke Anpassung den Respekt der anderen und den Bezug zu mir selbst verliere. Kennen Sie Situationen, in denen bei Ihnen das Grundmuster der Anpassung greift? In denen Sie automatisch und ohne Bewusstheit Ihre eigenen Bedürfnisse und Werte zurückstellen, um den anderen zu gefallen oder Teil der Gruppe zu sein? Wollen Sie lernen, das vertraute Gelände der Anpassung zu verlassen und das Neuland des mutigen, selbstbestimmten Handelns kennenzulernen? Falls Sie auf irgendeine der Fragen mit ja geantwortet haben, lesen Sie in Ruhe weiter. Sie werden im Verlauf des Buches praktikable und wirksame Wege finden, das Grundmuster der Anpassung zu verlassen.

Menschen, die nicht in diesem Grundmuster gefangen sind, haben die Erfahrung gemacht, dass es vollkommen okay ist, zu der eigenen Meinung zu stehen, dass Konflikte nichts Bedrohliches sind, sondern eine Chance zu wachsen, dass sie ein eigener autonomer Mensch sind, der zu seinen Bedürfnissen stehen und Grenzen setzen kann. Dies sind Erfahrungen von unschätzbarem Wert. Sie helfen, ein selbstbestimmtes und aufrichtiges Leben zu führen. Oft strahlen diese Menschen eine innere Unabhängigkeit aus, die sie attraktiv und manchmal auch charismatisch macht. Jeder, der sich auf den Weg zu mehr Mut macht, und beginnt, sein Grundmuster der Anpassung mutig hinter sich zu lassen, kann genau diese Erfahrungen machen.

Leistung

Vielleicht erstaunt es Sie, dass ich Leistung als ein Grundmuster der Vermeidung verstehe. Leistung ist positiv konnotiert und häufig geht es darum, noch leistungsstärker zu werden. Gibt es ein Zuviel an Leistung? Wann ist die Grenze erreicht? Wenn Sie auf sich selbst und Ihr Leben blicken: Wie würden Sie diese Fragen beantworten?

Wenn Sie sich in dem Grundmuster der Leistung aufhalten, sind Leistung und Erfolg zu Ihren zentralen und lebensbestimmenden Werten geworden. Ein Leben ohne Leistung ist nicht vorstellbar. Im Urlaub, wenn eigentlich die wohlverdiente Entspannung einsetzen sollte, treibt Sie eine innere Unruhe an. Das Gefühl, Sie müssten etwas tun, lässt Sie nicht zur Ruhe kommen. Obwohl Sie sich fest vorgenommen haben, heute um 17.00 Uhr zu gehen, um Ihren Kindern beim Fußball zuzusehen, kommt wieder etwas enorm Wichtiges dazwischen, was Sie bis 20.00 Uhr arbeiten lässt. Die Liste mit Aufgaben und Verantwortungen wird immer länger, der Rucksack auf Ihrem Rücken immer schwerer. Sie strengen sich immer mehr an, alles zu schaffen. Die Freude an der Arbeit, wie Sie sie früher kannten, geht dabei sukzessiv verloren. Sie weicht einem Gefühl von Anstrengung und Druck, das zum Dauerzustand in Ihrem Leben wird.

Kommt Ihnen das irgendwie bekannt vor? Erkennen Sie sich wieder? Dann sind Sie nicht alleine. In unserer stark auf Leistung und Erfolg ausgerichteten Gesellschaft haben wir zutiefst verinnerlicht, dass Leistung und Wert zusammengehören. Verlieren wir an Leistung, verlieren wir an Wert.

In unserem limbischen System hat sich die Idee festgesetzt, wir wären nur wertvoll, wenn wir Leistung bringen. Oft sind damit biografische Erfahrungen verknüpft. Dabei prägt uns nicht nur unser Elternhaus, auch Lernerfahrungen in Schule und Ausbildung können eine Rolle spielen.

Das Gap taucht auf, wenn es darum geht, Aufgaben abzugeben, sich einzugestehen, dass man etwas nicht schaffen kann, sich selbst Pausen und Phasen der Erholung zu gönnen oder auch einfach nur Prioritäten zu setzen. Unser limbisches System lebt in der festen Überzeugung, wir seien nur wertvoll, wenn wir etwas leisten und alles schaffen. Sobald wir in Gefahr kommen, nicht mehr leistungsfähig zu sein, fühlen wir uns in unserem Selbstwert bedroht.

Es kann sich unglaublich schwer anfühlen, aus dem Grundmuster der Leistung auszubrechen. In meinen Coachings arbeite ich sehr häufig mit Menschen, die eigentlich nicht mehr können und trotzdem weiter alles geben. Das Gap fühlt sich riesig und unüberwindbar an. Die Angst, andere zu enttäuschen, an Wert zu verlieren, nicht mehr bedeutsam zu sein, treibt an. Im Gap landen unsere Gesundheit, unsere Beziehungen, unsere Lebensfreude und langfristig unsere Leistungsfähigkeit. Das limbische System fühlt sich in Sicherheit, wenn wir etwas leisten und die Aufgaben und Erwartungen anderer erfüllen. Weil Menschen in dem Grundmuster der Leistung nicht gelernt haben, Grenzen zu setzen und nein zu sagen, nimmt ihre Leistungsfähigkeit und Lebensfreude ab. Im Extremfall verweigern Körper und Seele die Mitarbeit. Kennen Sie dieses Grundmuster aus Ihrem Leben? Fällt es Ihnen schwer, nein zu sagen, Grenzen zu setzen und Zeit für Regeneration zu finden? Nehmen Sie sich einen Moment Zeit, sich ehrlich die Frage zu beantworten, wie sehr Sie Leistung mit ihrem persönlichen Wert verbinden. Vielleicht haben Sie Lust, das Grundmuster der Leistung zu verlassen? Wenn Sie zu den vielen Menschen gehören, die auf diese Fragen mit ja antworten, seien Sie versichert, dass Sie lernen können, aus diesem Grundmuster herauszukommen. Wir werden Sie dabei unterstützen. Der Weg ist nicht einfach, aber er lohnt sich.

Menschen, die weitestgehend frei von der Angst sind, ohne Leistung nichts wert zu sein, haben in ihrem limbischen System die Erfahrung verankert, dass Leistung Spaß und Freude machen kann, aber nicht mit ihrer Daseinsberechtigung verknüpft ist. Sie haben erfahren, dass sie auch, wenn sie einfach nur sie selbst sind, Anerkennung und Liebe bekommen. Ihr Selbstwert ist nicht in erster Linie damit verknüpft, dass sie leisten, sondern damit, dass sie da sind. In der Regel fällt es ihnen leicht, klar Grenzen zu setzen. Sie können realistisch einschätzen, was sie leisten können und was nicht. Sie sorgen für sich und nehmen Pausen und alle Formen der Regeneration ernst. Oft wirken sie stark, klar und energievoll. Sie sind verlässliche Kollegen und Chefs, weil sie eine klare und realistische Einschätzung ihrer Leistungsmöglichkeiten haben. Familie, Hobbys und alles, was sich nicht ums Arbeiten dreht, sind wichtige Ankerpunkte in ihrem Leben und bekommen die entsprechende Aufmerksamkeit. Es lohnt sich für jeden Menschen, diese Erfahrungen zu machen und damit ein anderes Lebensgefühl aufzubauen.

Zurückhaltung

Zurückhaltung ist in vielen Situationen eine wichtige Qualität und manchmal auch ein Akt von Höflichkeit und Respekt. Ich spreche hier nicht über die Fähigkeit, sich zurückzunehmen, anderen Raum zu geben und sich selbst nicht immer in den Mittelpunkt zu stellen. Ich verwende das Wort Zurückhaltung, weil wir etwas »zurück-halten«, aus Angst zu scheitern. Was halten Sie zurück aus Angst zu scheitern? Welchen Traum oder welches Projekt würden Sie gerne realisieren? Welche Entscheidungen schieben Sie vor sich her aus Angst, die falsche Wahl zu treffen?

Wir leben in einer Welt der Unsicherheit. Jede Entscheidung treffen wir unter Unsicherheit. Jedes Projekt, das wir wagen, kann schiefgehen. Im Grundmuster der Zurückhaltung fühlt sich alles besser an als die Möglichkeit, Fehler zu machen. Alles fühlt sich besser an als zu realisieren, dass unsere Träume der Realität nicht standhalten können. Statt unsere Ideen in der Realität auszutesten, bleiben wir im Bereich der Träume und Hypothesen und ersparen uns damit ein mögliches Scheitern. Das Gap zeigt sich in dem Moment, in dem wir unsere Träume und Ideen der Realität aussetzen. Wir treffen lieber keine Entscheidung als eine, mit der wir scheitern könnten. Wir leben mit angezogener Handbremse. Unser limbisches System agiert unter der festen Überzeugung, jegliches Risiko vermeiden zu müssen. Die Vorstellung zu scheitern oder Fehlentscheidungen zu treffen, wird als so bedrohlich wahrgenommen, dass jegliche Aktivität oder Initiative, die von Scheitern bedroht sein könnte, vermieden wird.

Häufig haben solche Menschen tatsächlich wenig Erfahrung mit Scheitern, ganz einfach, weil sie so gut wie nie etwas wagen. Das Gap wird spürbar in Situationen, in denen Entscheidungen getroffen werden müssen, aber die emotionale Angst vor dem Scheitern blockiert. Viele Menschen registrieren am Ende ihres Lebens, wie oft ihnen der Mut gefehlt hat, etwas zu wagen. Sie bereuen dann zutiefst, dass sie im Grundmuster des Zurückhaltens geblieben sind. Im Gap landen Entscheidungsstärke, Kreativität und Unternehmergeist. Zurück bleibt das Gefühl, sein Leben nicht wirklich gelebt zu haben. Kennen Sie Momente in Ihrem Leben, in denen Sie zurückgewichen sind vor dem Realitätstest? In denen Sie lieber nichts gewagt haben aus Angst, zu scheitern. Fällt es Ihnen schwer, Entscheidungen zu treffen? Vielleicht haben Sie Lust und Interesse, das Grundmuster der Zurückhaltung zu verlassen. Falls ja, nehme ich Sie mit auf eine Reise hin zum Mut, Neues zu wagen und Risiken einzugehen.

Menschen, die nicht im Grundmuster der Zurückhaltung gefangen sind, haben in ihrem limbischen System die Erfahrung verankert, dass es sie nicht umbringt, Fehler zu machen. Sie wissen genau, dass Scheitern wehtut und sich bitter anfühlen kann, aber sie haben auch erfahren, dass sie stark genug sind, Rückschläge einzustecken. Das gibt ihnen Vertrauen und Zuversicht. Nicht darein, dass immer alles richtig und gut wird, sondern darein, dass es sich lohnt, etwas zu wagen, und dass Rückschläge überwunden werden können. Sie treffen ihre Entscheidungen ruhig und klar. Sie sind sich der Unsicherheit und des Risikos, das sie eingehen, bewusst.

Sie haben die innere Kraft und Stärke, mit der Möglichkeit des Scheiterns leben zu können. Sie wägen nicht nur ab, welches Risiko sie durch Entscheidungen eingehen, sondern auch was der Preis des Nichtentscheidens ist. Sie initiieren mutig neue kleine und große Projekte und strahlen viel Kreativität und Unternehmergeist aus. Für Menschen, die im Grundmuster der Zurückhaltung agieren, kann es eine unglaublich wichtige Erfahrung sein, scheitern zu wagen. Es eröffnet ihnen Handlungsstärke und Zuversicht, die es möglich machen, das eigene Leben voll auszuschöpfen.

Stärke

Die drei oben beschriebenen Grundmuster haben gemeinsam, dass sie durch defensives, konfliktvermeidendes und unentschlossenes Handeln gekennzeichnet sind. Das Grundmuster der Stärke hebt sich auf den ersten Blick deutlich davon ab. Die größte Sorge des limbischen Systems hier ist es, als verletzlich und schwach wahrgenommen zu werden. Alles, was mit Verletzlichkeit und vermeintlicher Schwäche zu tun haben könnte, wird automatisch und meist auch unbewusst verdrängt. Wir investieren im Grundmuster der Stärke viel Kraft und Anstrengung, alles unter Kontrolle zu halten und niemals Gefühle von Ohnmacht oder Schwäche ertragen zu müssen. Wir sind dann von einer emotionalen Rüstung umgeben, die Gefühle von Verletzlichkeit und Schwäche von uns abschirmt. Unsere Wirkung ist selbstbewusst und stark, aber nach innen spüren wir eine Leere und wenig Verbindung zu anderen. Das Gap zeigt sich immer dann, wenn wir unsere eigene Verletzlichkeit spüren. In Auseinandersetzungen mit anderen spüren wir eher Wut und Ärger und bemerken manchmal gar nicht, wie verletzt wir eigentlich sind. Wenn wir Niederlagen erleiden, Projekte scheitern, sich Menschen von uns abwenden, managen wir den damit verbundenen Schmerz schnell weg und suchen die Verantwortung bei den anderen. Was landet bei diesem Grundmuster im Gap? Nicht die Souveränität, auch nicht die Wirksamkeit oder die Handlungskraft. Im Gap landen die Authentizität und die Fähigkeit, wirklich nahe und intime Beziehungen zu erleben. Nähe und Verständnis füreinander entstehen, wenn ich die verletzlichen Seiten des anderen kennenlerne und spüre. Wenn ich echte

Unterstützung erfahre und so angenommen werde, wie ich bin, entsteht Verbindung. In unseren Seminaren zeigen sich die Teilnehmer in der Regel nach einer Phase des Vertrauensaufbaus mit verletzlichen Seiten, die sie im Alltag verbergen und für sich behalten. Dadurch entstehen zwei Wirkungen: Zum einen kann es erleichternd sein, seine verletzlichen Seiten zeigen zu können und damit einen Teil von sich sichtbar werden zu lassen, der sonst im Verborgenen bleibt. Zum anderen entsteht häufig eine besondere Intensität und Nähe in der Begegnung mit den anderen Teilnehmern, die als bestärkend wahrgenommen wird.

Für Menschen, die viel von dem Grundmuster der Stärke haben, kann solch ein Seminarsetting eine äußerst herausfordernde Angelegenheit sein. Gilt es doch, die eigene Verletzlichkeit wahrzunehmen und anderen zu zeigen. Das Gap ist oft sehr groß, der Nutzen, das Gap zu überwinden nur in Ansätzen spürbar. Druck und Überzeugungsversuche erhöhen in der Regel den Widerstand, sich verletzlich zu zeigen. Allein die Erfahrung und Beobachtung des Phänomens, welche Erleichterung, Aufrichtigkeit und Nähe entstehen können, wenn das Gap überwunden wird, können den Weg in das emotional neue Gelände ebnen. Kennen Sie Situationen, in denen es Ihnen schwerfällt, Schwäche und Verletzlichkeit zuzugeben? Erleben Ihre nahen Bezugspersonen Sie meist nur souverän und stark und so gut wie nie verletzlich oder traurig? Sehnen Sie sich manchmal nach mehr Intensität, Authentizität und Nähe in ihren zwischenmenschlichen Beziehungen? Dann könnte es für Sie wertvoll sein, das alte vertraute Gelände der Stärke in gut ausgewählten Situationen zu verlassen. Können Sie sich vorstellen, dass echter Mut auch damit zu tun hat, echte Gefühle zu zeigen? Wahrscheinlich kommt Ihnen allein die Vorstellung davon seltsam vor. Aber wenn Sie tief in sich die Sehnsucht nach mehr Nähe und Verbundenheit spüren, selbst, wenn Ihnen diese Formulierung schon fremd ist, trauen Sie sich mit uns gemeinsam ans Gap und lernen Sie, es zu überwinden.

Menschen, die wenig Angst haben, als verletzlich oder schwach wahrgenommen zu werden, haben in ihrem limbischen System die Erfahrung verankert, dass sie auch in Momenten der Schwäche und der Verletztheit aufrichtig zeigen können, wie es ihnen geht. Sie haben erfahren, dass jemand da ist, der zuhört, versteht und nicht wertet, wenn sie sich öffnen. Diese Grunderfahrungen ermöglichen ihnen einen aufrichtigen Umgang mit den eigenen Gefühlen. Sie sind in der Lage, offen über ihre Gefühle zu sprechen, ohne sich dafür zu schämen. Nicht mit jedem und überall, aber mit den Menschen, die ihnen wichtig sind und denen sie vertrauen. Sie wissen, dass tief gehende Beziehungen von Aufrichtigkeit und Ehrlichkeit leben, und haben keine Angst davor.

2.5 Das Gap überwinden

Jeder von uns kennt diese Grundmuster. In ihren Ausprägungen zeigen sie sich jedoch so einzigartig und verschieden, wie auch die Menschen unterschiedlich und individuell sind. Sie können sich die vier Grundmuster wie ein Vier-Quadranten-Schema vorstellen. Wie sähen Ihre Ausprägungen in dem Schema aus? Welche Grundmuster leben Sie intensiver? Welche weniger stark? Sie selbst können am besten entscheiden, wo Sie das Gap spüren und vor allem, in welchen Situationen Sie etwas ändern wollen.

In der Psychotherapie-Forschung gibt es fundierte Konzepte, die versuchen zu erklären, welche emotionalen Erfahrungen in unserer Kindheit und Jugend zu der Prägung der Grundmuster führen. Bewusst klammere ich diese Ursachenanalyse aus. Es geht mir hier nicht darum zu erkennen, warum diese Ängste und Limitierungen entstanden sind, sondern es geht darum, die Kompetenz aufzubauen, sie wahrzunehmen und die emotionalen Gaps zu überwinden. Diese Kompetenz ist erlernbar und trainierbar. Ich nenne sie Encourage.

Karin hat das Kündigungsgespräch mehrfach geübt. In der letzten Runde spricht sie ruhig, klar und sehr souverän. Ihr gesamtes Auftreten hat sich verändert, sie wirkt erleichtert und entschieden. »Ich glaube, ich werde der Apothekerin sagen, dass ich nicht mehr bereit bin, sie zu beschäftigen. Ich weiß nun, wie es geht und was mir dabei helfen wird. Mir graut davor, aber ich weiß, wofür ich es tue. Es wird nicht einfach, aber ich bin mir sicher, ich werde das Gespräch führen.«

Zusammenfassung

Die Chance zur Veränderung und Entwicklung zeigt sich immer dann, wenn wir am Gap stehen und emotionales Neuland betreten können. Unser Gehirn schaltet am Gap auf Alarm. Der Körper reagiert und zeigt Symptome wie Herzrasen, Schweißausbrüche, Bauchgrummeln, Druck auf der Brust und so weiter. Die Reaktion auf das Gap kommt aus dem limbischen Teil unseres Gehirns und ist häufig nicht rational. Unser limbisches System überzeichnet die realen Risiken.

Ich unterscheide vier Grundmuster der Vermeidung:
- Anpassung
- Leistung
- Zurückhaltung
- Stärke

Encourage ist die Kompetenz zu bemerken, dass ich am Gap stehe, und das Wissen, wie ich das Gap überwinde.
Encourage ist erlernbar und trainierbar.

Kapitel 3:
Der Preis – Nicht handeln ist auch nicht umsonst!

*»Wir streben mehr danach, Schmerz zu vermeiden,
als Freude zu gewinnen.«*

Sigmund Freud (1865 – 1935), Psychoanalytiker

3.1 Der Preis des Mutes

Wir zahlen immer einen Preis. Bei all den kleinen und großen Entscheidungen im Leben. Egal, ob wir uns entscheiden, für unsere Meinung einzustehen, eine Grenze zu setzen, ein Projekt zu wagen oder zu unseren Gefühlen zu stehen, oder ob wir das nicht tun: Immer ist damit ein Preis verbunden. Der Begriff Entscheidung verdient seine Bezeichnung nur, wenn zwei oder mehrere Alternativen gegeneinander abgewogen werden, die ähnlich attraktiv scheinen. Nur dann fällt die Entscheidung wirklich schwer. Wenn wir mutig sind und unsere Ängste überwinden, zahlen wir mindestens mit dem Gefühl der Unsicherheit und Aufregung. Das ist die Währung des Mutes und niemand kann uns versprechen, dass sich unsere Investition auszahlt.

Es gibt viele gute Gründe, am Gap umzukehren und sich in seine Grundmuster der Vermeidung zurückzuziehen. Ich will den anderen nicht verletzen und die Beziehung zu ihm oder ihr nicht gefährden. Ich will auf keinen Fall den bitteren Geschmack des Scheiterns spüren. Die Folgen von mutigem Handeln sind oft irreversibel. Wenn ich einmal mutig gehandelt habe, lässt sich die Uhr nicht mehr zurückdrehen. Wenn ich jedoch in meiner alten, sicheren Welt des Nichthandelns bleibe, habe ich immer die Chance auf ein nächstes Mal. Nichts Schlimmes ist passiert und das nächste Mal kann ich mutiger sein. Diese Warteoption ist nicht zu unterschätzen. Damit vermeiden wir kurzfristig das Risiko, verletzt oder enttäuscht zu werden, auf lange Sicht verpassen wir aber die Freude.

Coaching ohne Mut

Die Auseinandersetzung mit dem Thema Mut in unserer Arbeit basiert nicht nur auf Erfolgsgeschichten. Christian, ein sympathischer, sportlicher Mann von fünfzig Jahren kam vor vielen Jahren zu mir ins Coaching. Er war Produktionsleiter einer angesehenen Schuhfabrik und seit über dreißig Jahren im Betrieb. Er hatte eine beachtliche Karriere vom Werker zum Produktionschef gemacht. Seine Leistungsbereitschaft, sein Verantwortungsgefühl und seine Fachkompetenz hatten ihn auf die Ebene unter der Geschäftsführung gebracht. Christian machte schon in der ersten Sitzung einen abgespannten und übermüdeten Eindruck. Er sei nicht mehr so leistungsstark wie früher, schlafe schlecht und der Druck in der Produktion mache ihm immer mehr zu schaffen. Daher habe er sich für das Coaching entschieden. Er hoffe, seine Kraft und Freude an der Arbeit durch das Coaching zurückzugewinnen.

Christian zeigte sich im Coaching offen. Er beantwortete meine Fragen und ließ sich auf neue, für ihn ungewohnte Methoden ein. Und trotzdem blieb mein Eindruck, dass er im Coaching genau dasselbe Muster praktizierte wie bei seiner Arbeit. Er tat alles, um die Erwartungen der anderen zu erfüllen. Also bemühte er sich, mir von kleinen Erfolgserlebnissen zu berichten. Er strengte sich an, ein guter Klient zu sein und mich nicht zu enttäuschen. Ich wiederum strengte mich an, ein guter Coach zu sein, würdigte seine kleinen Erfolge und ermunterte ihn, an dieser Entwicklung dran zu bleiben. Mir fehlte damals der Mut, meine Bedenken, dass er in zentralen Bereichen nichts veränderte, anzusprechen. Ich vermutete, dass der permanent steigende Druck auf die Produktion die Mitarbeiter über ihre Belastungsgrenze hinausführte und er kritische Qualitätsrisiken in Kauf nahm. Mehrfach hakte ich nach, ob er dem Geschäftsführer ein ungeschöntes und realistisches Bild der Produktion vermittelte. Er wich aus und versuchte, mich zu beruhigen. Rückblickend würde ich sagen, dass ich damals in dem mir wohl vertrauten Grundmuster der Anpassung gefangen war. Ich wollte Christian auf keinen Fall verletzen oder enttäuschen, wollte den Coaching-Erfolg nicht gefährden und ihn möglicherweise demotivieren. Heute würde ich meine Bedenken frühzeitig und klar ansprechen. Damals hatte ich nicht den Mut, auszusprechen, dass wir im Begriff waren, zu scheitern. Uns beiden fehlte der Mut.

Ein halbes Jahr nach Beendigung des Coachings erfuhr ich über Umwege, dass Christian einen Zusammenbruch gehabt hatte und von seiner Position beurlaubt worden war. Nach einer Auszeit von über einem halben Jahr kehrte er in den Betrieb in eine Position mit einer deutlich verkleinerten Verant-

wortungsspanne zurück. Ich war nicht besonders überrascht, dies zu hören. Aber mir wurde deutlich, welchen Preis ich für meinen fehlenden Mut gezahlt hatte. Ich war kein guter Coach für Christian gewesen. Vielleicht hätte eine klare Konfrontation nichts verändert. Aber vielleicht wäre es auch die Chance zu einer tatsächlichen Wende gewesen.

Diese schwierige Erfahrung war für mich der entscheidende Impuls, mich mehr mit dem Thema Mut, mit meinem eigenen Mut und dem Mut der Klienten zu beschäftigen.

3.2 Tatsächliche Risiken

Der Preis, das Gap zu überwinden, scheint im konkreten Moment sehr hoch. Je nach den beschriebenen Grundmustern scheint es uns sehr riskant, emotional neues Terrain zu betreten. Unser limbisches System neigt zu einer systematischen Überschätzung des emotionalen Risikos und hält uns daher oft ohne triftigen Grund davon ab, das Gap zu überwinden. Neben den emotionalen Risiken kann mutiges Handeln aber auch reale negative Konsequenzen nach sich ziehen. Diese sind vorher nicht immer abschätzbar. Trete ich im Beruf klar und kritisch auf, kann dies zu Anerkennung und einem Bedeutungsgewinn, aber auch zu Benachteiligung oder Ausgrenzung führen. Die Art und Weise, wie ich meine Meinung äußere, erhöht die Erfolgschancen von mutigem Handeln beträchtlich. Ich kann lernen, in einer offenen und respektvollen Art für mich einzustehen, ohne den anderen anzugreifen oder abzuwerten. Die Fähigkeit, Mut so zu zeigen, dass er von anderen nicht als Angriff oder Zurückweisung wahrgenommen wird, behandele ich in den Kapiteln sechs bis neun. Das Risiko zu scheitern, kann niemals eliminiert werden. Mut bedeutet Handeln unter Risiko. Die Entscheidung, das Gap zu überwinden, ist also immer eine Abwägung von Risiken. Es gibt Situationen im Leben, in denen es klug und sinnvoll sein kann, in der Welt des Nichthandelns zu bleiben und nicht mutig aufzutreten.

Mir geht es nicht um Mut um des Mutes willen. Es geht auch nicht darum, ohne Risikoabwägung einfach immer mutig drauflos zu handeln und den ersten Impulsen zu folgen. Vielmehr geht es um den klugen Mut, der eingebettet ist in eine bewusste und rationale Entscheidung. Wenn Sie am Gap stehen, können Ihnen folgende Fragen helfen, das rationale Risiko einzuordnen: »Was könnte schlimmstenfalls passieren?«, »Wie riskant ist diese Entscheidung wirklich?« Sie helfen, dem diffusen Sog des Gaps das reale Risiko entgegenzustellen. Dann entscheiden Sie nicht mehr vom limbischen System geführt automatisch und unbewusst, sondern Sie wägen mit dem präfrontalen Kortex die Risiken ab. Kluger Mut bedeutet, das Risiko des mutigen Handelns so nüchtern und emotionslos wie möglich zu betrachten. Aus meinen Coachings weiß ich, dass die anfangs so große Gefahr, die mit mutigem Handeln verbunden sein könnte, dieser nüchternen Analyse praktisch oft nicht standhält.

3.3 Der Preis für Nichthandeln

Unser Gehirn und insbesondere das limbische System sind nicht auf mutiges Handeln ausgerichtet. Aus unserer evolutionären Entwicklung heraus setzt sich unser Gehirn auf der emotionalen Ebene für unser Überleben ein. Es versucht, jede Form von Enttäuschung und Schmerz zu vermeiden, und reagiert oft überalarmiert. Das macht die Gap-Situationen so anspruchsvoll und erklärt, warum wir so oft den Mut verlieren. Doch noch ein anderer Aspekt spielt eine wichtige Rolle bei unserer Abwägung, ob wir mutiger für das eintreten wollen, was uns wichtig ist: Der Preis für die Überwindung des Gaps wird in dem konkreten Moment über die Reaktionen unseres Körpers und unserer Gedanken überdeutlich spürbar. Das Herz klopft, der Magen zieht sich zusammen, Katastrophenszenarien jagen durch unser Gehirn. »Lieber nicht ansprechen, lieber nichts wagen, lieber in Sicherheit bleiben, was denken die anderen? Könnte ich mich blamieren?« sind die klassischen Sätze, die am Gap auftauchen. Das Gap wird dadurch riesengroß und scheint unüberwindbar. Der Preis für mutiges Handeln ist riesengroß.

Aber wo bleibt der Preis für unser Nicht-Handeln? Wo bleiben die Konsequenzen, die sich ergeben, wenn wir in den Grundmustern der Vermeidung bleiben? Spielt dieser Preis bei der Abwägung überhaupt eine Rolle? Bei jeder klugen Entscheidung sollten Preise und Risiken gegeneinander abgewogen werden. Aber in den meisten Gap-Situationen verlieren wir vollständig aus den Augen, womit wir für unser angepasstes und absicherndes Verhalten zahlen. Jeden Tag werfen wir in vielen kleinen Entscheidungen unsere Integrität, unsere Selbstbestimmtheit, unsere Wirksamkeit, unsere Werte und unsere Gesundheit in das Gap und wir merken es nicht einmal. Unser Gehirn blendet diesen Preis einfach aus. Es hilft uns, Schmerz und Enttäuschung zu vermeiden, aber es hindert uns gleichzeitig daran, Entscheidungen für ein glückliches und erfülltes Leben zu wagen. Die Konsequenzen aus einem Leben ohne Mut stellen sich in der Regel nicht sofort ein. Sie sind leise, unbewusst und meist nicht unmittelbar spürbar. Wenn überhaupt zeigen sie sich kurzfristig in einem unguten Gefühl in der Magengegend oder in einer leisen Stimme aus dem Untergrund. Diese kurzen, leisen Anfälle von Selbstehrlichkeit dringen meist nicht bleibend in unser Bewusstsein. Der Preis für das Nichthandeln und die Wirkung, die damit einhergeht, werden eklatant unterschätzt.

Der Preis für ein Leben ohne Mut ist immens groß, aber manchmal auch gut verborgen. Es entwickelt sich eine Traurigkeit, die wir nicht zuordnen können und die keinen realen Bezug zu haben scheint. Das Leben wird begleitet von dem Gefühl, mit angezogener Handbremse zu gehen.

Brené Brown, eine Sozialwissenschaftlerin aus den USA, hat es sich zur Aufgabe gemacht herauszufinden, was glückliche und zufriedene Menschen von unglücklichen und unzufriedenen unterscheidet. Tausende von Interviews und Lebensgeschichten hat sie in ihrer Forschung ausgewertet und war selbst überrascht über das Ergebnis: Nicht nur Geld, Erfolg oder andere externe Faktoren machten den entscheidenden Unterschied, sondern der Mut, sich seiner Verletzlichkeit zu stellen. In einem weltweit beachteten Vortrag (Ted-Talk von 2010) brachte sie es auf den Punkt: Menschen, die den Mut haben, das Gap zu überwinden und sich ihrer Verletzlichkeit zu stellen, legen die Grundlage für ein glückliches und zufriedenes Leben. Um Browns Grundidee von Verletzlichkeit zu verstehen, lasse ich sie am besten selbst zu Wort kommen: »Die Einschätzung, dass Verletzlichkeit gleich Schwäche ist, ist der am weitesten verbreitete Mythos über Verletzlichkeit und der gefährlichste. Wir müssen an einen Punkt kommen, wo wir mehr den Mut hinter der Verletzlichkeit respektieren und wertschätzen. [...] Verletzlichkeit ist weder gut noch schlecht. Sie ist nicht das, was wir dunkle Gefühle nennen, aber sie ist auch nicht immer eine helle, leichte Erfahrung. Verletzlichkeit ist das Herz aller Emotionen und Gefühle. Fühlen bedeutet verletzlich zu sein.« (Brown 2013: 33) Die glücklichen und zufriedenen Menschen, die Brown in ihren jahrzehntelangen Studien identifiziert hat, verfluchen ihre Verletzlichkeit nicht und sie idealisieren sie auch nicht. Sie verstehen, dass nur derjenige, der den Sprung über das Gap wagt, die Chance auf ein selbstbestimmtes und glückliches Leben hat. Nur wer wagt, verletzt zu werden oder zu scheitern, kann die Erfahrung von echter Verbindung, Kreativität und Glück machen.

Wenn wir am Gap stehen, greift ein Automatismus, der die emotionalen Risiken des Handelns deutlich überschätzt und die negativen Konsequenzen des Nichthandelns ausblendet. Dies geschieht blitzschnell und unbewusst. Will ich lernen, mutiger zu werden und meine Werte und Bedürfnisse zu leben, muss ich lernen, mit diesem Automatismus anders umzugehen. Ich will Sie sensibilisieren für den Preis, den Sie zahlen, wenn Sie das Gap nicht überwinden. Dieser Preis ist oft nicht sofort sichtbar. Wir sind Meister darin, ihn zu verdrängen, schön zu reden oder wegzurationalisieren. Daher ist es ein erster wichtiger Schritt, einen ehrlichen Blick auf diesen Preis für Nichthandeln zu werfen.

3.4 Indikatoren für den Preis

Woran können Sie bemerken, was Sie in unauffälligen Alltagssituationen in das Gap werfen? Am Ende machen die vielen kleinen Kapitulationen den Preis aus, den Sie für Ihr Nichthandeln bezahlen. Was vermissen Sie manchmal in Ihrem Leben? Was könnten Sie am Ende Ihres Lebens bereuen, nicht gemacht zu haben? Manchmal erinnert uns eine leise Stimme tief in unserem Inneren daran, dass uns etwas fehlt, dass etwas nicht stimmt. In manchen Situationen sagt unser Bauch nein oder grummelt und wir gehen einfach über ihn hinweg. Was würde er uns sagen, wenn er reden könnte?

Wann benutzen Sie das Wort »eigentlich«? »Eigentlich würde ich gerne, aber ...«, »Eigentlich müsste man mal ...« Für was steht dieses eigentlich? Wenn Sie viel Energie und Zeit aufwenden müssen, sich Entscheidungen zu erklären und zu begründen, könnte dies ein Hinweis darauf sein, dass Sie gerade etwas ins Gap werfen. Wenn es Ihnen schwerfällt, in Ihrem Leben Ruhe und Stille zuzulassen, wenn Sie in diesen Momenten eine Leere spüren, die Ihnen unangenehm ist, wird unter Umständen sichtbar, was Sie vermissen und vernachlässigen. Wenn Sie sich wiederholt dabei erwischen, wie Sie Träume von Weglaufen und Ausbrechen haben, können Sie innehalten und sich fragen: was fehlt? Wenn Sie extrem reizbar sind, selbst spüren, dass Sie innerlich permanent unter Druck stehen, haben Sie vielleicht zu lange zu viele Sachen ins Gap geworfen, die Ihnen wichtig sind.

All diese Beispiele sind Indikatoren. Sie können Ihnen helfen, mehr Klarheit für den Preis zu finden, den Sie langfristig für mangelnden Mut zahlen. Vielleicht finden Sie noch andere Indikatoren, anhand derer Sie bemerken können, dass Sie zu oft am Gap umgekehrt sind.

3.5 Woher kommen Klarheit und Mut?

Es gibt Menschen, die sehr mutig und klar ihren Werten und Bedürfnissen folgen. Solche Menschen machen sich oft wenig Gedanken, was andere denken und wie sie wirken. Sie konzentrieren ihre Aufmerksamkeit, dafür zu leben, was ihnen wichtig ist. Versucht man zu verstehen, woher diese Menschen diesen Mut und die Klarheit nehmen, finden sich unterschiedliche Ansatzpunkte.

Werte und Mut werden in Familien weitergegeben

Manche Menschen haben den Mut, für sich und ihre Werte einzustehen ,in ihrer Familie und ihrem Umfeld kennengelernt. Ihre nächsten Bezugspersonen haben ihnen vorgelebt, mutig zu sein. Sie nehmen die Gap-Situationen sehr wohl wahr, aber sie stellen sich ihnen. Das erklärt, warum in manchen Familien über Generationen hinweg eine mutige, engagierte und selbstbestimmte Haltung dem Leben gegenüber weitergegeben wird. Die Familien von Weizsäcker, von Dohnanyi und Stauffenberg scheinen von außen betrachtet gute Beispiele dafür zu sein. Durch ein sehr starkes Wertekorsett, in dem adlige Familienmitglieder aufwachsen, wird der Mut, für sich und seine Werte einzustehen, von Generation zu Generation weitergegeben. Auch in Familien, die aus einem stark religiösen Umfeld kommen, findet sich diese Werteverbundenheit und damit auch der Mut, sich dafür einzusetzen. Sowohl Angela Merkel als auch Magrethe Vesthagen, EU-Kommissarin für Wettbewerbsrecht, wie auch Theresa May, Premierministerin von Großbritannien, kommen aus einem protestantischen Elternhaus, in dem der Vater Pfarrer war.

Mich beeindrucken immer wieder Freunde, die in Unternehmerfamilien aufgewachsen sind. Egal ob die Unternehmungen ihrer Familie von Erfolg gekrönt oder auch mit Niederlagen verbunden waren, zeichnen sie sich durch eine im Vergleich zu mir viel höheren Risikobereitschaft aus. Sie packen Projekte an, investieren durchaus große Summen und scheinen mit der damit verbundenen Unsicherheit gut leben zu können.

An der Universität Maastricht hat eine Gruppe von Sozioökonomen herausgefunden, dass die Bereitschaft, Risiko zu übernehmen, familiär weitergegeben wird (Dohmen 2011). Unsere Kinder lernen durch uns, ob kluger Mut sich auszahlt. Unsere Entscheidungen am Gap haben demzufolge nicht nur für uns persönlich Konsequenzen. Sie dienen als Vorbild und prägen in der Summe eine Kultur von Zurückhaltung oder Mut, die auch Einfluss auf unsere Kinder und unser Umfeld hat.

Schwierige Lebensumstände in der Kindheit

Die Resilienz-Forschung, die in den vergangenen Jahren boomt, hat vollkommen neue Sichtweisen auf die Wirkung von schwierigen Ausgangssituationen in der Herkunftsfamilie möglich gemacht. War bis zum Beginn des Zweiges der Resilienz-Forschung das Augenmerk sehr stark auf die in der Kindheit entstandenen Traumata und den damit verbundenen Problemen im Erwachsenenalter gelegt worden, ging man nun in der neuen Forschungsrichtung den umgekehrten Weg: Wie konnte es sein, dass gut ein Drittel von Kindern aus »Broken-home-Families« sein Erwachsenenleben engagiert und wirksam gestaltete? Dass ein Kind, dessen Eltern beide Alkoholiker waren und das verwahrlost und allein gelassen aufwuchs, nicht strandete? Viele Faktoren spielen dabei eine Rolle. Die genetische Vulnerabilität, das heißt die Veranlagung, an beispielsweise Depression, Schizophrenie oder Sucht zu erkranken; das weitere Umfeld, also Bezugspersonen, die außerhalb der Familie Sicherheit und Halt boten. Die Erwachsenen, die unter solch schwierigen Umständen aufwuchsen und nicht daran zerbrochen sind, zeichnen sich durch einen hohen Grad an Widerstandskraft, Belastbarkeit und Mut aus. Wollen wir mutige und starke Kinder erziehen, müssen wir lernen, Ihnen etwas zuzumuten. Schon im Wort zumuten steckt dieser wichtige Kern. Wenn Kinder schwierigen Situationen begegnen, sie aushalten und ihre eigenen Lösungsmöglichkeiten finden, werden sie zu mutigen und kraftvollen Menschen. Die Überfürsorge, die aus besten Intentionen in unserer heutigen Elterngeneration gelebt wird, ist oft keine gute Vorbereitung auf ein mutiges Leben.

Die Endlichkeit des Lebens als Mut-Generator

Es finden sich noch andere Antworten auf die Frage, woher Menschen ihre Klarheit und ihren Mut schöpfen. Manche Menschen benötigen ein einprägendes Schlüsselerlebnis, damit sie anfangen, ein mutiges selbstbestimmtes Leben zu führen. Das kann zum Beispiel ein Todesfall im näheren Umfeld sein oder auch ein Unfall, den man mit viel Glück überlebt hat. Erst wenn die Endlichkeit unseres Lebens nicht nur als abstrakte Idee auftaucht, sondern als klare und unumstößliche Tatsache erscheint, kehrt sich unser Blick auf das eigene Leben oft schlagartig um. Die vielen kleinen Gaps, die uns so unüberwindbar und groß erschienen, verlieren plötzlich an Bedeutung. Der Preis für bisher nicht gelebtes Leben wird uns auf einmal dramatisch bewusst. Die australische Sterbebegleiterin Bronnie Ware hat in ihrem Buch ihre Erfahrungen mit sterbenden Menschen zusammengefasst und deutlich gemacht, was Menschen am Lebensende am meisten bereuen. Sie hat eine Rangliste von Themen erstellt, die ohne statistische Fundierung ist, aber trotzdem zum Nachdenken einlädt. An erster Stelle steht die Erkenntnis, nicht das eigene Leben gelebt, sondern viel zu sehr den Erwartungen anderer entsprochen zu haben. An zweiter Stelle, zu viel Zeit und Energie in die Arbeit gesteckt zu haben. An dritter Stelle nennt Ware die Erkenntnis, die eigenen Gefühle nicht aufrichtig gezeigt zu haben. Um Konflikten aus dem Weg zu gehen, hatten die Befragten kritische Gefühle und Meinungen unterdrückt. Um nicht das Risiko einzugehen, verletzt zu werden, hatten sie positive Gefühle wie Liebe und Zuneigung nicht gezeigt. Der Preis, den Sie dafür am Ende des Lebens gespürt hatten, war, die Beziehungen zu Menschen, die ihnen wichtig waren, nicht wirklich engagiert gestaltet zu haben (Ware 2015).

Vor vielen Jahren erzählte mein Mann mir sehr beeindruckt von einem Meeting an der Hochschule. Wie so oft wurde unendlich viel geredet, jeder musste etwas zum Thema beisteuern, alle Eventualitäten wurden abgewogen, nichts ging voran. Ganz ruhig stand eine Teilnehmerin auf, die bisher wenig gesagt hatte, und meinte: »Für solche Meetings habe ich keine Zeit mehr. Ich habe meine Krebserkrankung nicht überwunden, um hier Zeit zu vergeuden. Entweder wir kommen jetzt voran oder ich gehe raus, setze mich in die Sonne und trinke einen Kaffee.« Erstaunlicherweise reagierten die Professoren beeindruckt und konnten das Meeting schnell zum Abschluss bringen.

Ich lade Sie ein, nicht auf einen Schuss vor den Bug und auch nicht auf ihr Lebensende zu warten, sondern heute zu beginnen. Wie können Sie das Gap überwinden? Was hilft Ihnen, sich aus den Grundmustern der emotionalen Sicherheit in das emotional neue Gelände zu wagen? Die folgenden Kapitel helfen Ihnen, eine Brücke über das Gap zu bauen. Eine belastbare und stabile Brücke, die Sie immer wieder aufs Neue begehen können. Alle Erfahrungen aus meinen Coachings und Trainings fließen in diesen Brückenbau ein. Ich habe sie in den Kapiteln vier bis sieben in strukturierter Form verdichtet. Der Brückenbau beginnt mit der Entscheidung, die Grundmuster der Vermeidung zu verlassen und sich in emotionales Neuland zu begeben. Wollen Sie diese Entscheidung treffen? Sind Sie nach Abwägung der Preise für Handeln und Nichthandeln bereit, Neues zu wagen? Entscheiden Sie bewusst, ob Sie den Weg zu mehr Mut gehen wollen. Falls ja, beginnt der Weg mit einem klaren inneren Wofür. Denn was alle mutigen und klaren Menschen eint, ist eine starke Verbindung zu ihren inneren Werten und Sehnsüchten. Sie wissen genau, warum sie den Sprung über das Gap wagen und was im emotionalen Neuland auf sie warten kann.

Zusammenfassung

Der Preis, das Gap zu überwinden, wird emotional oft überbewertet. Unser Gehirn tut alles, um Schmerz und Enttäuschung zu vermeiden und verhindert damit ein glückliches und selbstbestimmtes Leben.

Die tatsächlichen Risiken von mutigem Handeln zu berücksichtigen, ist Teil des Encourage-Konzeptes.

Der Preis für das Nicht-Überwinden des Gaps wird häufig nicht wahrgenommen. Er zeigt sich eher langfristig, unauffällig und subtil.

Wir sind Vorbilder für unsere Kinder und unser Umfeld. Diese Kompetenz, mutig zu handeln, kann über Generationen hinweg weitergegeben werden.

Die Begegnung mit der Endlichkeit kehrt die Risikobilanz um. Im Angesicht des Lebensendes bereuen viele Menschen, was sie nicht gewagt haben, und sehen klar, wie oft sie sich selbst und einem selbstbestimmten Leben im Weg standen.

Sie entscheiden bewusst, ob Sie Neues wagen und die alte, sichere Welt des Nichthandelns verlassen wollen. Die Grundlage Ihrer Entscheidung ist die Abwägung zwischen den Preisen für Handeln und Nichthandeln. Treffen Sie diese Entscheidung bewusst und in aller Klarheit.

Kapitel 4:
Die Brücke – Ohne ein Wofür geht es nicht

● ●

»Wer ein Wofür im Leben hat, kann fast jedes Wie ertragen.«

Friedrich Nietzsche (1844 – 1900), Philologe

Es ist kein erstrebenswertes Ziel, einfach nur mutiger zu sein. Es ist erstrebenswert, den Mut zu nutzen, um seine Werte, Bedürfnisse und Träume zu realisieren. Mut ist ein Mittel zum Zweck. Nur wenn der Mut mit einem klaren inneren Wofür verbunden ist, wird er seine Kraft entfalten. Nur wenn er mit Klugheit und Besonnenheit ausgeführt wird, kann er zum Erfolg führen. Den Aspekt der Klugheit und Besonnenheit behandle ich in den Kapiteln sechs bis acht (*Der Körper*, *Die Kommunikation* und *Der Systemcheck*). In diesem Kapitel geht es darum, innerlich mit dem verbunden zu sein, wofür Sie mutig sind. Es geht darum, das innere Wofür zu finden.

Wenn das innere Wofür fehlt

Karsten ist ein äußerst schüchterner Mann von Mitte fünfzig. Er wurde von seinem Chef ins Coaching geschickt. Seit über dreißig Jahren war er Mitarbeiter in einem renommierten Produktionsbetrieb für Luxustaschen. Er hatte sich vom Lehrling zum Meister und später Teamleiter hochgearbeitet. Sein Chef hielt große Stücke auf ihn, er schätzte Karstens ungeheures Fachwissen, seine Erfahrung und vor allem seine Loyalität. Dies wurde in dem Auftragsklärungsgespräch, das wir zu dritt führten, sehr deutlich. Karsten selbst sagte wenig, wich meinen Blicken aus, hatte spürbar Hemmungen, sich in der ungewohnten Umgebung zu äußern, und schien allein von der Situation in meinem Coaching-Raum überfordert. Genau dieses zurückgezogene Verhalten war auch der Grund für das Coaching.

Karsten trat seinen Mitarbeiter gegenüber zu schüchtern und zögerlich auf. Die älteren Kollegen, die ihn über Jahrzehnte kannten, schätzen und respektierten ihn trotz seiner schüchternen Art. Einige der jungen Mitarbeiter aber konnten mit dem unsicheren und ausweichenden Chef wenig anfangen. Manchmal widersetzten sie sich offen seinen Anweisungen oder ignorierten ihn. Karsten litt sehr unter der Situation. Er hatte Angst vor den wöchentlichen Teamsitzungen, ging den jungen Mitarbeitern gezielt aus dem Weg und hatte die Freude an seiner Arbeit nach so vielen Jahren vollständig verloren.

Das Coaching sollte dazu dienen, ihn mutiger und selbstbewusster auftreten zu lassen. »Es würde mir helfen, wenn ich nicht so viel Angst hätte, wenn mich die kritischen Situationen mit den jungen Mitarbeitern nicht so stressen würden«, stimmte Karsten dem Coaching-Ziel zu. Nachdem sein Chef gegangen war, fragte ich ihn, ob ihn diese Schüchternheit schon länger begleitete. Es erstaunte mich nicht zu hören, dass er, seit er denken konnte, extrem schüchtern gewesen war, schon in der Schule und auch später in der Ausbildung. Er lebe sehr zurückgezogen, könne gut mit sich allein sein und habe einige wenige Freunde in seinem Fußballverein. Das sei vollkommen ausreichend für ihn, erklärte er mir.

Zum Auftakt des Coachings erarbeiteten wir die Vorteile von Schüchternheit. Es war berührend zu sehen, wie gut es Karsten tat, diese Eigenschaft nicht zu verteufeln, sondern die positiven Seiten der Schüchternheit zu erkennen. In den nächsten Sitzungen bereiteten wir in sehr kleinen Schritten die Teamsitzungen vor und übten Konfliktgespräche. Obwohl Karsten begann, mir immer mehr zu vertrauen, fühlte ich, dass die Sitzungen ihn unglaublich anstrengten. Auch mir gegenüber war seine Schüchternheit immer spürbar. Er berichtete von ersten kleinen Erfolgen. Die letzte Teamsitzung war ohne Zwischenkommentare abgelaufen und er hatte gut die Führung behalten. Ein Konfliktgespräch mit einem der jungen Mitarbeiter hatte zu ersten Verhaltensveränderungen geführt. Trotzdem wirkte Karsten angegriffen und erschöpft. Er litt unter starken Rückenschmerzen und war deswegen schon wochenweise ausgefallen.

Als Karsten am Anfang einer Sitzung mit wenig Enthusiasmus über die Ereignisse der letzten Wochen berichtete, konfrontierte ich ihn mit einer Vermutung, die ich schon länger in mir trug: »Manchmal habe ich den Eindruck, Sie wollen diesen Führungsjob gar nicht. Sie wären erleichtert, wenn Sie einfach wieder Mitarbeiter sein könnten.« Selten hatte ich diesen schüchternen, zurückhaltenden Mann so klar und befreit erlebt. »Ja, genau das geht mir die ganze Zeit im Kopf rum. Ich brauche weder das Geld noch hänge ich an dem Status. Ich würde so gerne die Führungsaufgabe abgeben. Aber ich kann doch meinen Chef nicht enttäuschen. Der zählt doch auf mich.« Mir wurde klar, dass wir an einer entscheidenden Stelle angekommen waren. Karsten hatte von Anfang an mit aller Anstrengung im Coaching mitgearbeitet. Aber seine innere Stimme hatte ihm seit Langem gesagt, dass er den Führungsjob abgeben wollte. Das, was er wirklich wollte, stand nun im Raum, und es so deutlich zu benennen, schaffte Betroffenheit und Erleichterung. Karsten hatte in den letzten Wochen einige Gaps überwunden. Er war klarer und stärker aufgetreten. Aber innerlich war er mit diesen Veränderungen nicht verbunden, daher kosteten sie ihn so viel Anstrengung und setzten seiner Gesundheit zu. Schon einige Zeit lebte er an sich und seiner inneren Stimme vorbei. Der Preis, den er dafür zahlte, war groß. Vorsichtig konfrontierte ich ihn mit dieser Tatsache. »Dann geht es im Coaching jetzt eher darum, wie Sie mit Ihrem Chef offen und ehrlich reden und sich von der Führungsaufgabe befreien können?«, fragte ich ihn und er nickte. Der Weg, der vor Karsten lag, war alles andere leicht. Er musste seinem Chef, der gleichzeitig auch ein Freund war, sagen, dass er nicht weiter in der Teamleiterfunktion bleiben wollte. Dass er sich nichts mehr wünschte, als wieder alleine an seinem PC zu sitzen und die Produktionsabläufe vorzubereiten. Er musste einen Menschen enttäuschen, den er schätzte und dem er sich verbunden fühlte. Das war das Gap, das ihn so lange von einer selbstbestimmten Entscheidung abgehalten hatte.

Der Chef war tatsächlich enttäuscht. Beim Abschlussgespräch, das wir zu dritt in meinem Coaching-Raum hatten, zeigte er deutlich, wie sehr er sich ein Verbleiben von Karsten in der Teamleiterfunktion gewünscht hatte. Aber er war auch fair, er respektierte die Entscheidung und auch den Mut von Karsten. Zum Abschluss sagte er den wichtigsten Satz: »Wahrscheinlich wärst du auf lange Sicht wirklich krank geworden und dann ganz ausgefallen. So ist es sehr schade, aber immer noch besser als das.«

Die Geschichte von Karsten bringt gut zum Ausdruck, worum es geht. Eben nicht einfach mutiger und selbstbewusster zu werden, wenn es dafür kein klares inneres Wofür gibt, sondern herauszufinden, was wichtig ist, und dafür den Mut klug zu nutzen. Als Coaches sind wir da manchmal in der Zwickmühle, der Auftraggeber will den Coachee in eine bestimmte Richtung entwickeln, der Coachee stimmt damit aber innerlich nicht überein. Jeder Coach wird unterschiedlich mit diesen Situationen umgehen. Für mich ist es im Laufe der Jahre stimmiger geworden, diese Konflikte auch vor dem Auftraggeber klar anzusprechen und gemeinsam einen Weg zu suchen. Das hat viel mit dem inneren Wofür zu tun, das mich als Coach führt.

4.1 Wofür es sich lohnt, mutig zu sein

Mit dem inneren Wofür bezeichne ich Bedürfnisse, Werte und tief liegende Motive, an denen wir ein erfülltes Leben ausrichten. Je klarer das innere Wofür gefühlt und bewusst angestrebt wird, desto mehr Kraft und Mut können Sie für die notwendigen Veränderungsprozesse gewinnen. Daher lohnt es sich, innezuhalten, und zu reflektieren, wofür es sich für Sie lohnen kann, mutiger zu werden.

In der folgenden Abbildung sind die Nutzen eines mutigen Lebens, dem Preis, den Sie dafür möglicherweise zahlen müssen, gegenübergestellt. Basis für die Einordnung sind wiederum die Grundmuster der Vermeidung, die ich in Kapitel zwei vorgestellt habe. Lassen Sie diese Abbildung auf sich wirken. Welche der Nutzen im emotionalen Neuland ziehen Sie besonders an? Bei welchen Worten spüren Sie eine innere Resonanz und den Wunsch, mehr davon in Ihrem Leben zu verwirklichen?

Grundmuster	Nutzen im emotionalen Neuland	Preis, den ich lerne, zu bezahlen
Anpassung	Selbstbestimmtheit Integrität Authentizität Standkraft Echtheit	Erwartungen enttäuschen Menschen verletzen Zurückgewiesen werden Im Mittelpunkt stehen
Leistung	Gesundheit Genuss Auftanken Leben im Sein Freiraum	Gefühl der Leere und Unsicherheit Nicht mehr so wichtig sein Weniger Wertschätzung und Anerkennung von außen
Zurückhaltung	Wirksamkeit Sichtbar werden Kreativität und Energie Freude	Aufregung, die mit möglichem Scheitern verbunden ist Erfahrung des Scheiterns Zurückgewiesen werden Visionen erhalten Realitätscheck
Stärke	Nähe Intensität Lebendigkeit	Sich verletzlich fühlen Verletzlichkeit zeigen Sich abhängig von anderen fühlen Eigene Bedürfnisse spüren

Es gibt eine Reihe von Schulen und Modellen, die sich mit der Bedürfnisstruktur von Menschen auseinandersetzen. Sie alle gehen davon aus, dass wir bestimmte Grundbedürfnisse haben, nach deren Befriedigung wir streben. Der Psychotherapeut Klaus Grawe hat sich in seiner Konsistenztheorie mit der Verwirklichung von vier zentralen Grundbedürfnissen beschäftigt. Er unterscheidet die Bedürfnisebenen Orientierung/Kontrolle, Lustgewinn/Unlustvermeidung, Bindung, Selbstwerterhöhung/-schutz. Viele der oben genannten inneren Wofürs stehen in enger Verbindung zu diesen Grundbedürfnissen. Integrität, Authentizität und Aufrichtigkeit haben beispielsweise viel mit dem eigenen Selbstwert zu tun. Nähe und Intimität mit dem Grundbedürfnis nach Bindung. Aber auch der Preis, den Sie lernen, zu bezahlen, ist von diesen Grundbedürfnissen berührt. Muss ich andere enttäuschen, kann dies zu einem Verlust an Bindung führen. Entscheide ich mich, Verletzlichkeiten zu zeigen, kann dies die Grundbedürfnisse nach Kontrolle und Selbstschutz beeinträchtigen. Dies erklärt, warum es uns manchmal nicht so leichtfällt, den klaren Weg zu unserem inneren Wofür zu finden. Grawe nennt den Zustand, der sich aus diesen zueinander im Widerspruch stehenden Bedürfnissen ergibt, Inkonsistenz. Wir entwickeln nach Grawe Motivationsschemata, um unsere Bedürfnisse zu erfüllen. Das bedeutet, durch die Erfahrungen, die wir in unserem Leben machen, bilden sich musterhafte Abläufe, die wir oft unbewusst einsetzen. Er unterscheidet zwischen Annäherungsschemata und Vermeidungsschemata. Die beiden vorangegangenen Kapitel das Gap und der Preis beschäftigen sich mit den Vermeidungsschemata, die wir oft unbewusst leben. Die Ausführungen in den Kapiteln dienen dazu, diese Vermeidungsmuster bewusst zu machen und die irrationalen und überalarmierten Anteile in ihnen zu erkennen. Nach Grawe gehört Inkonsistenz zum Leben und lässt sich nicht auflösen. Besonders kräfte- und energiezehrend sind Inkonsistenzen aber dann, wenn sie nicht ins Bewusstsein dringen, sondern aus dem Untergrund führen. Daher arbeite ich im Encourage-Prozess mit der Bewusstmachung dieser Vermeidungsmuster (Grawe 2004).

Inkonsistenz und Führungsrolle

In Coachings von beginnenden Führungskräften spielt der Zustand der Inkonsistenz der Bedürfnisse eine große Rolle. Durch die Übernahme einer Rolle als Führungskraft ändern sich die Erwartungen, die an den Rolleninhaber gestellt werden. In der Führungsrolle wird von der Führungskraft erwartet, unangenehme Dinge anzusprechen, schwierige Entscheidungen zu treffen und Informationen nicht ungefiltert weiterzugeben. Auf der anderen Seite spürt die Führungskraft, dass sich die Distanz zu den Mitarbeitern erhöht. Insbesondere bei einem Rollenwechsel vom Kollegen zur Führungskraft kann dieser Prozess schmerzhaft sein. Das Grundbedürfnis nach Nähe und Zugehörigkeit kann nicht mehr in der alten Form und Intensität erfüllt werden. Das innere Wofür, die volle Verantwortung für die Führungsrolle zu übernehmen und den Erwartungen gerecht zu werden, steht dazu im Konflikt. Diese Inkonsistenz kann durch Coaching nicht aufgelöst werden, sie ist Teil der übernommenen Führungsrolle. Doch durch die Bewusstwerdung und Klarheit, welcher Preis mit der Übernahme der Rolle verbunden ist, entsteht letztendlich Akzeptanz und Entspannung. Dieser Prozess ist häufig ein längerer, der auch mit Schmerzen verbunden sein kann. Am Ende ist er unabdingbar für die erfolgreiche Übernahme von Führungsverantwortung.

Ich möchte Sie einladen, nicht in dem Zustand der Inkonsistenz stecken zu bleiben. Er kostet sie Kraft und Lebensfreude. Lernen Sie, den Preis für mutiges Handeln bewusst einzukalkulieren und als Ihre Währung zu einem zufriedenen Leben zu investieren. Lernen Sie die Annäherungsschemata in Ihrem Leben zu stärken. Es kann sich lohnen, bewusst aus dem Muster des Vermeidens auszusteigen und sich dafür dem anzunähern, was sie wirklich wollen. Dazu hilft Ihnen der Weg zum inneren Wofür.

4.2 Der Weg zum inneren Wofür

Nicht nur unsere Ängste am Gap sind dafür verantwortlich, dass wir so oft an uns vorbeileben. Wir werfen täglich unsere Werte, Wünsche und Bedürfnisse in kleinen Kapitulationen ins Gap, ohne es zu bemerken. Dies kann nur passieren, wenn wir nicht im Kontakt sind mit dem, was uns wirklich wichtig ist. Wenn wir unsere innere Stimme, die uns Orientierung und Kraft gibt, nicht hören können, weil wir von ihr abgekoppelt sind.

In jedem Menschen gibt es eine innere Stimme, die eine Ahnung davon hat, was ihm wichtig und wertvoll ist. Diese Stimme ist weder besonders laut noch spricht sie in knackigen Slogans. Oft ist sie eher leise und manchmal brauchen wir Menschen Zeit und Ruhe, um sie zu verstehen. Von Zeit zu

Zeit kann es sein, dass im Inneren mehrere Stimmen aktiv sind, die sich mit unterschiedlichen Intentionen zeigen und zu unterschiedlichem Handeln förmlich antreiben. Hier hilft es, besonders genau hinzuspüren und die Stille zuzulassen, um den Kern dahinter zu spüren. Die innere Stimme ist weder aufdringlich, noch allzu offensichtlich. Aber es lohnt sich, ihr zuzuhören und den Weg zu ihr zu finden.

In modernen Lebens- und Arbeitswelten ist der Kontakt zu unserer inneren Stimme oft gestört. Doch das muss nicht so bleiben. Es gibt Möglichkeiten, mit sich und dem, was einem wichtig ist, in Kontakt zu kommen. Wie bei einem Weg, der von Gegenständen verstellt ist, können Sie anfangen, die Hindernisse wahrzunehmen und sie konsequent an die Seite zu räumen. Bleiben wir bei diesem Bild: Die Gegenstände, die den Weg zur inneren Stimme behindern, sind Alltagslärm und Geschäftigkeit, idealisierte Vorstellungen und Angst vor der Wahrheit.

Ruhe und Stille statt Aktivismus und Lärm

Unser Alltag ist geprägt von Stress, Druck und permanenter Bereitschaft. Seit über zehn Jahren vermittle ich das Thema Achtsamkeit in meinen Seminaren. Achtsamkeit kann nach innen und nach außen auf die Umgebung ausgerichtet sein. Im Englischen wird Achtsamkeit als »mindfulness« bezeichnet, damit wird klarer, worum es geht: um die Wahrnehmung und Konzentration auf das, was im Moment ist. Bei der inneren Achtsamkeit wird die Wahrnehmung und Konzentration auf den inneren Zustand, den Atem, den Körper, Gefühle und Gedanken gerichtet. Sie ist eine Möglichkeit, mehr in Kontakt zu kommen mit dem, was uns wichtig ist und was uns unbewusst führt.

Die Sehnsucht vieler Menschen nach Ruhe, Entschleunigung und Ankommen ist groß. Der Alltag, den sie erleben, ist genau das Gegenteil davon. In einem Tag voll getaktet mit Terminen und Anforderungen scheint die Idee des Innehaltens und Bei-sich-Einkehrens herausfordernd. Es gibt so viel zu tun, so viel zu erledigen. Unser Geist ist permanent beschäftigt mit dem, was kommen wird, und dem, was gerade war. Die Buddhisten, deren Tradition der Achtsamkeitsidee entspringt, sprechen von dem Affen in unserem Kopf, der die ganze Zeit hin- und herspringt und nie zur Ruhe kommt. Wir sind so stark von den äußeren Anforderungen belegt, dass der Weg nach innen immer mehr in den Hintergrund gerät. So haben wir verlernt, unsere innere Stimme zu hören und ernst zu nehmen. Wir verlieren den Kontakt zu unserer wichtigsten Ressource: dem inneren Wofür. Wir fühlen uns unwohl, doch wir haben gar kein Gespür mehr dafür, was fehlen könnte.

In der Achtsamkeitspraxis geht es im Wesentlichen darum, den hin- und herspringenden Geist zur Ruhe zu bringen. Dadurch entstehen Ruhe und Klarheit. Auch dafür haben die Buddhisten ein Bild gefunden: Unser Geist ist ständig in Bewegung, vergleichbar mit einem See, der aufgewühlt ist und dessen bewegte Wellen keinen klaren Blick auf den Grund zulassen. Je mehr Sie in dem See stochern und versuchen, Ruhe in die Wellen zu bringen, desto stärker wird die Bewegung der Wellen. Wenn Sie einfach nur sitzen und abwarten, glätten sich die Wellen von alleine. Eine sanfte, ebene Fläche entsteht, durch die Sie klar auf den Grund sehen können. So ähnlich ist es mit unserer inneren Stimme. Um zu ihr durchzudringen, müssen Sie weder besonders viel machen noch sich unendlich anstrengen. Im Gegenteil: Sie kommen in Ruhe an, geben dem Geist die Möglichkeit, eine Pause einzulegen, und vertrauen darauf, dass sich Ihre innere Stimme zeigen wird. Dafür müssen wir weder stundenlang meditieren, noch wochenlange Retreats in Indien absolvieren. Manchmal reichen ein Innehalten und ein kurzer Moment der inneren Ruhe, um Klarheit zu gewinnen.

Innere Werte und Klarheit statt unrealistischer Erwartungen

Wir leben in einer Zeit des Individualismus und materiellen Wohlstandes. Noch nie hatten wir so viele Freiheitsgrade wie heute. Religiöse und gesellschaftliche Restriktionen haben deutlich an Bedeutung verloren. Der ökonomische Kampf ums Überleben hat Gott sei Dank für die meisten von uns an Härte verloren. So gesehen liegt vor uns eine Welt von Möglichkeiten, die schillernd und inspirierend, aber auch überfordernd sein kann.

In meinen Seminaren begegnen mir viele junge Väter, die froh über eine Nacht im Hotel und einen Nachschub an Schlaf sind. Sie haben gerade ihre eigene kleine Familie gegründet und sind zeitgleich in den Startlöchern im Job. Voller Anstrengung versuchen sie, engagierte Väter, verständige Ehemänner und erfolgreiche Manager zu sein. Außerdem sehnen sie sich nach Zeit für sich, für ihr tägliches Fitnesstraining und das Pflegen von Freundschaften. Kein Wunder, dass sie mit diesem Paket an Erwartungen an sich und ihre Umwelt oft in der totalen Überforderung enden. Die Idee der klaren Priorisierung und des damit verbundenen Verzichts ist nicht in ihren Köpfen verankert. Dasselbe erlebe ich bei jungen Müttern, die einem perfektionierten Mutterbild hinterherjagen und versuchen, alles richtig und gut zu machen. Die schönen Bilder aus Werbung, Kino und Fernsehen suggerieren uns permanent, dass alles möglich und nichts mit einem Preis verbunden sei. Es ist so einfach und menschlich, sich in Vorstellungen von der kompetenten, belastbaren, immer gut gelaunten berufstätigen Mutter zu flüchten. Doch diese Bilder und Erwartungen haben mit unserem realen Leben oft nicht viel zu tun. Sie suggerieren eine Welt der Möglichkeiten, in der keine Entscheidungen getroffen werden müssen, kein Preis zu zahlen ist. Diese Bedürfnisse und Erwartungen haben nichts mit dem klaren ‚inneren Wofür zu tun, über das ich hier reden will.

Eine der anspruchsvollen Aufgaben im Coaching ist zu erkennen, ob der Klient seine Zielsetzungen tatsächlich aus einer eigenen tiefen Motivation ableitet oder ob er versucht, möglicherweise unrealistischen Vorstellungsbildern und Erwartungen zu entsprechen. Wenn ich bei der Auftragsklärung den Eindruck habe, der Klient ist nicht wirklich mit seinen Zielen verbunden, spreche ich das offen an. Wie immer, wenn es um Emotionen geht, entstehen Graubereiche und die Dimensionen können sich vermischen. Aber wenn es gelingt, den Klienten zu seinem tatsächlichen inneren Wofür zu führen, ihn mit seinen zentralen Werten zu verbinden, ist oft eine deutliche Veränderung spürbar. Die Menschen wirken dann weniger zaudernd, sie wirken klar, ruhig und bestimmt und strahlen mehr innere Ruhe und Gelassenheit aus.

Die Bilder von Erfolg und Status, die in unseren Köpfen verankert sind, erscheinen oft als inneres Wofür, aber eigentlich stehen sie der inneren Stimme, die Klarheit und Orientierung bringt, im Weg. Sie lassen uns Erwartungen und Vorstellungen anderer Menschen hinterherjagen.

Somatische Marker statt reinem kognitiven Denkens

Die wissenschaftliche Psychotherapieforschung hat in den letzten Jahrzehnten den Körper entdeckt. Durch neue Erkenntnisse zum Zusammenspiel von Gehirn, Körper und Umwelt wird immer deutlicher, welch unglaubliche Ressource die Integration des Körpers darstellt. Auch Sie können Ihren Körper nutzen, um einen lebendigen und spürbaren Bezug zu Ihrem inneren Wofür zu bekommen. Das Konzept der somatischen Marker, das von Antonio Damasio entwickelt wurde, kann Sie dabei unterstützen. Somatische Marker sind nach Damasio Körperreaktionen, die aus dem emotionalen Erfahrungsgedächtnis kommen (Damasio 2002). Wir können sie nutzen, um mehr Bezug zu unserem inneren Wofür zu bekommen. Wie reagiert ihr Körper, wenn er beispielsweise Worte wie Aufrichtigkeit, Freiheit oder Nähe, wie sie in der oben dargestellten Abbildung aufgelistet sind, liest? Wann bemerken Sie eine innere Reaktion, ein Wohlgefühl im Bauch, ein Ziehen im Herzen, ein Gefühl von Raum und Durchatmen in der Brust? All diese körperlichen Reaktionen können Ihnen Orientierungspunkte auf dem Weg zu Ihrem inneren Wofür sein. Nehmen Sie diese somatischen Marker ernst und lernen Sie sie bewusster wahrzunehmen auf Ihrem Weg zu mehr Mut. Juliane Kluge und ich arbeiten in unseren Seminaren sehr konkret mit diesen somatischen Markern. Im Züricher Ressourcenmodell von Maja Storch, einer Schweizer Psychotherapeutin wird dem Coachee eine Auswahl von positiv besetzten Bildmotiven angeboten, die er in Stille auf sich wirken lassen kann. Der Coachee sucht auf Basis seiner somatischen Reaktionen das Bild aus, das ihn am meisten anzieht und die positivsten somatischen Marker auslöst. Dieses Bild gemeinsam mit einem kurzen Motto dient dann als inneres Wofür für den Encourage-Prozess. Es ist immer wieder erstaunlich, wie viel Kraft durch diese Motivationsarbeit möglich ist. Gerne können Sie einen Blick in die Bilddatei von Maja Storch werfen. Sie ist im Netz frei abrufbar: http://www.ismz.ch/ZRM/OnlineTool.html (Storch, 2014).

Ehrlich zu sich selbst statt Verleugnung

Die Begegnung mit der eigenen Stimme und dem inneren Wofür braucht unter Umständen eine Menge Mut. Mir einzugestehen, was ich wirklich will und damit die Tür für Veränderungen zu öffnen, kostet oft große Überwindung. Ähnlich wie Karsten, der sich über lange Zeit nicht eingestehen konnte, dass er die Führungsaufgabe abgeben wollte, gehen wir unserer eigenen inneren Wahrheit manchmal aus dem Weg. Aus Angst, dass wir dann wirklich etwas ändern müssten, gestehen wir uns nicht ein, was wir wirklich wollen und brauchen.

Kennen Sie Momente, in denen Sie genau wissen, was Sie wollen und was Ihnen wichtig ist? Momente, in denen Sie klar und voller innerer Überzeugung die nächsten Schritte angehen? Sie können spüren, ob eine unbestimmte Angst Ihre Handlungen antreibt oder ein klares inneres Wofür, das für Sie Strahlkraft hat. Lernen Sie, diesen Unterschied wahrzunehmen. Angst fühlt sich eng und anstrengend an, das Handeln für sein inneres Wofür ist aber energievoll und freiwillig. Es lohnt sich, Stille einkehren zu lassen, um dieses klare innere Wofür zu identifizieren. Drei Alternativen biete ich Ihnen dazu an:

Umsetzung in die Praxis

Alternative 1: Ruhe und Stille

Gönnen Sie sich eine kurze Phase der Ruhe und Stille. Ziehen Sie sich an einen Ort zurück, an dem Sie ungestört sind, und freuen Sie sich darauf, bei sich selbst einzukehren. Wenn es Ihnen angenehm ist, schließen Sie die Augen und konzentrieren Sie Ihre Aufmerksamkeit auf Ihre Atmung. Das Wahrnehmen des Atems hilft, den Geist in die Gegenwart zu bringen und Ruhe einkehren zu lassen. Wenn Sie spüren, dass Sie ruhiger und klarer sind, nutzen Sie den Blick auf den Grund des Sees. Was ist wirklich wichtig für Sie? Wofür kann es sich lohnen, mehr Mut zu entwickeln? Was könnte ein erster Ansatzpunkt für Veränderung sein, die von innen kommt?

Erwarten Sie nicht zu viel. Der Weg zur inneren Stimme ist oft seit vielen Jahren überdeckt. Es braucht Zeit, Übung und Vertrauen, ihn wieder freizulegen. Wiederholen Sie diese Übung, wann immer es für Sie passt.

Alternative 2: Alte weise Frau beziehungsweise alter weiser Mann
In meinen Seminaren arbeite ich schon sehr lange mit der Idee der inneren Stimme. Dabei hat sich eine Vorgehensweise, die aus der lösungsorientierten Kurzzeittherapie kommt, bewährt. Ähnlich wie oben beschrieben suchen Sie sich einen Ort der Ruhe und Stille und folgen dann dieser Anleitung:

Es sind viele Jahre vergangen, Sie sind jetzt ungefähr 85 Jahre alt. Sie sitzen an einem Ort, der Ihnen guttut, Sie fühlen sich wohl, gesund und zufrieden. Sie blicken dankbar auf Ihr erfülltes Leben zurück. Lassen Sie sich die Zeit, die Sie brauchen, um diesen Ort zu finden und bauen Sie dieses Bild innerlich mit allen Sinnen auf: Wo genau sind Sie? Was gibt es zu sehen, hören, riechen, fühlen? Nehmen Sie all diese Sinneseindrücke auf, sodass es für Sie ganz entspannend ist. Sie können von diesem Ort zurückblicken, zufrieden und dankbar, wie sich alles entwickelt hat. Sie können von diesem Ort und mit der Weisheit Ihres Alters auch ruhig und gelassen auf Ihre momentane Situation und Ihr Anliegen zurückschauen und innerlich lächelnd das Folgende beantworten: Was wollen Sie sich mit der Erfahrung des gelebten Lebens und der Weisheit Ihres Alters Positives sagen? Wofür könnte es sich lohnen, mutiger zu werden? Was wäre der erste kleine Schritt? Was könnte Sie dabei unterstützen? Was nehmen Sie aus dieser Rückschau mit? Was noch? Bleiben Sie noch einen Moment im Zauber dieses Ortes und dieses weisen Wohlgefühls und kommen Sie dann in Ihrem Tempo und so, wie es sich für Sie gut und richtig anfühlt, langsam in den Raum zurück.

Alternative 3: Wahrnehmen der inneren Stimme im Alltag

Erkennen Sie im Tun, ob Sie mit dem, was Sie anstreben, verbunden sind oder vielleicht gegen Ihre innere Stimme handeln. Wenn Sie eine Entscheidung treffen wollen, sei es der Besuch eines Restaurants, die Gestaltung des Abends oder auch eine neue Stelle anzunehmen, halten Sie inne und versuchen sie zu spüren, ob Begeisterung und Energie fühlbar sind oder eher ein Gefühl von Enge und Anstrengung. Lernen Sie durch das Bewusstwerden Ihrer somatischen Marker Ihre innere Stimme im Alltag immer wieder wahrzunehmen. Über unsere somatischen Marker können wir einen guten Zugang zu unseren Grundbedürfnissen und unserem Erfahrungswissen finden. Je selbstverständlicher Sie also Achtsamkeit in Ihr Leben integrieren ist, desto mehr können Sie an Stärke und Kraft gewinnen.

4.3 Mit ersten kleinen Schritten beginnen

Kein Mensch kann permanent in allen Situationen mutig und selbstbestimmt handeln. Und keiner von uns muss das. Wir können uns bewusst erlauben, unsere Meinung zurückzuhalten, einen Konflikt nicht einzugehen, ein Projekt nicht zu starten, eine Grenze nicht zu setzen oder unsere Verletzlichkeit nicht zu zeigen. All das dürfen wir uns erlauben, denn sonst landen wir in der Überforderung, die uns sofort in unsere Grundmuster zurückbefördert.

Weniger ist mehr, auch beim Encourage-Konzept. Finden Sie das eine innere Wofür, für das es sich lohnen könnte, mutiger zu sein, und starten Sie mit diesem ersten Mut-Projekt.

Je klarer Sie sich darüber werden, wofür es sich für Sie persönlich lohnt, mutiger zu werden, umso mehr Kraft und Mut werden Sie für die Überwindung des Gaps finden. Daher habe ich das innere Wofür im Encourage-Konzept als wichtigstes Fundament für die Brücke bezeichnet. Ohne dieses Fundament macht mutiges Handeln keinen Sinn und kann ins Abseits führen. Ohne diese Brücke kostet Mut unglaublich viel Anstrengung und Sie werden sich fragen, warum Sie sich das alles immer wieder antun. Andreas Poraj, der Zen-Lehrer und Leiter des spirituellen Zentrums Benediktushof, hat dies in einem Workshop für Studenten gut zum Ausdruck gebracht. Er ermutigt die jungen Studenten am Anfang ihrer beruflichen Laufbahn, ihr inneres Wofür zu finden. Nicht auf die Erwartungen anderer zu hören. Sich nicht durch Bilder von Erfolg und Reichtum blenden zu lassen, sondern sich in Stille der inneren Stimme zuzuwenden und aus dieser Kraft zu handeln. Dies ist die beste Burn-out-Prophylaxe. Überanstrengungsgefühle und Burn-out-Symptomatik kommen nicht nur aus einem Übermaß an Überstunden und Wochenendarbeit, viel häufiger entstehen sie, wenn das innere Wofür nicht mehr spürbar ist und trägt (Poraj 2015). Nicht immer ist es gerade für junge Menschen einfach, herauszufinden, wofür ihr Herz schlägt und wofür sie sich engagieren wollen. Auch in diesen Fällen kann mutiges Handeln helfen, sich dem inneren Wofür schrittweise anzunähern. Der Mut, Sachen auszuprobieren, sich neuen unbekannten Erfahrungen zu stellen, wird mit neuen Erkenntnissen über die eignen Vorlieben, Wünsche und Bedürfnisse belohnt. Wer nicht lernt, sich dem Neuland zu stellen, verpasst die Chance wichtige Informationen über die eigene Persönlichkeit zu gewinnen, die sukzessiv das innere Wofür herausschälen.

4.4 Vom Ende her denken

Unser Gehirn schlägt am Gap Alarm und treibt uns zurück in das emotional sichere Land des Nichthandelns. Neben dem klaren inneren Wofür nutze ich im Coaching eine Methode der mentalen Selbstregulierung, die hilft, das Gehirn am Gap zu überlisten. Ich führe die Klienten in das Gefühl, das entsteht, wenn Sie das Gap überwunden und sich getraut haben.

Klar, mutig und humorvoll

Claudia, eine sehr erfolgreiche, junge Frau, kommt seit längerer Zeit zu mir zum Coaching, weil sie eine für ihr Alter sehr hohe Führungsposition innehat. Claudia ist eine äußerst kluge und engagierte junge Frau, die sich der Anerkennung ihres Chefs und ihrer Mitarbeiter sicher sein kann. Sie trifft zügig Entscheidungen, behält selbst in sehr kritischen und stressigen Situationen einen klaren Kopf und kann klar und bestimmt ihre Meinung vertreten. Nur wenn Sie in Kontakt mit dem Vorstand des Konzerns kommt, verliert sie schlagartig ihr Selbstvertrauen, zieht sich zurück und ist in keiner Weise in der Lage, ihr Potenzial zu zeigen. Ihr direkter Chef, der sie sehr protegiert und fördert, hat noch vor ihr die Brisanz dieser Problematik erkannt. Mit zunehmendem Vorstandskontakt versteht auch Claudia, dass sie noch so gut nach unten arbeiten kann, wenn sie in den wenigen relevanten Zusammentreffen mit dem Vorstand jung und unsicher wirkt. Die Angst am Gap beschreibt sie als eine Mischung aus der Angst, sich zu blamieren, und der Angst, die wichtige Chance zum Reputationsaufbau nicht zu nutzen.

In dem längeren Coaching-Prozess zu der Problematik frage ich Claudia unter anderem, wie sie sich fühlen werde, wenn sie dem Vorstand klar, mutig und humorvoll begegnet ist und das Gap überwunden hat. Relativ schnell ändert sich ihr körperlicher Zustand, sie richtet sich auf und lächelt. »Ich werde so erleichtert und stolz sein. Ein riesiger Stein wird von meinen Schultern fallen und vielleicht werde ich mich sogar auf die nächste Begegnung mit dem Vorstand freuen.« Tatsächlich zeigt das Coaching Wirkung. Claudia hat aufgrund eines Projektes häufiger Kontakt mit dem Vorstand. Sie berichtet, dass sie wesentlich selbstbewusster und ungezwungener mit dem Vorstand umgehen konnte und er ihr offener und interessierter begegnete.

Umsetzung in die Praxis

Nehmen Sie sich kurz Zeit und schließen Sie die Augen. Stellen Sie sich vor, Sie haben das Gap erfolgreich überwunden. Sie haben sich beispielsweise getraut, für sich und ihre Meinung einzustehen. Sie haben sich getraut, eine Präsentation vor wichtigen Menschen zu halten oder Ihr Herzensprojekt einem Kreis von vertrauten Menschen vorzustellen. Was auch immer Ihr Gap war, Sie haben es überwunden und waren erfolgreich. Wie werden Sie sich fühlen? Wie wird sich dieses Gefühl in Ihrem Körper ausdrücken? Werden Sie Erleichterung spüren? Werden Sie stolz sein? Verinnerlichen Sie sich diesen Zustand. Er hilft Ihnen, Ihr Gehirn am Gap zu überlisten und Lust auf die Überwindung des Gaps zu entwickeln.

Zusammenfassung

- Nur in Verbindung mit einem klaren inneren Wofür entfaltet Mut seine Qualität.
- Das innere Wofür finden wir in uns, wenn wir Stille und Ruhe einkehren lassen.
- Die innere Stimme, die uns unser inneres Wofür zeigt, ist weder laut noch plakativ.
- Unrealistische Erwartungen und Vorstellungen davon, wie die Welt zu sein hat, halten uns von unserem inneren Wofür fern.
- Je nach Grundmuster variiert auch das innere Wofür.
- Mit einem überschaubaren Mut-Projekt zu beginnen, erhöht die Erfolgschancen.
- Wenn Sie sich vorstellen, wie Sie das Gap erfolgreich überwunden haben, überlisten Sie Ihr alarmiertes Gehirn.

Kapitel 5:
Unsicherheit –
Der Weg ins Neuland

»You gain strength, courage, and confidence by every experience in which you really stop to look fear in the face. You are able to say to yourself, ›I have lived through this horror. I can take the next thing that comes along.‹« *

Eleanor Roosevelt (1184–1962), Menschenrechtsaktivistin und Diplomatin

* Übersetzung: Du gewinnst Mut und Selbstvertrauen bei jeder Erfahrung, bei der du stehen bleibst und deiner Angst ins Gesicht schaust. Du kannst zu dir selbst sagen: »Ich habe diesen Horror durchlebt und werde das nächste, was passiert, bewältigen.«

Wenn Sie sich entscheiden, das Gap zu überwinden, wird Ihnen das innere Wofür Kraft und Orientierung geben. Trotzdem werden Sie in den Momenten, in denen Sie Ihre alte, sichere Welt verlassen, Unsicherheit und Aufregung verspüren. Mut bedeutet Handeln unter Unsicherheit. Wie sollte es denn möglich sein, mutig zu sein, ohne Verunsicherung zu spüren? Es wird sich unangenehm und ungewohnt anfühlen, wenn Sie Ihrem Kollegen zum ersten Mal aufrichtig und klar sagen, dass Sie sich ärgern, weil Sie einen Großteil der Arbeit machen, während er nur wenig Verantwortung und Engagement zeigt. Es kann sich sehr unangenehm und bedrohlich anfühlen, wenn Sie, statt bis 20 Uhr im Büro zu sitzen und Meetings beizuwohnen, zweimal in der Woche bereits um 17 Uhr gehen, um die Zeit mit Ihrer Familie zu verbringen. Wenn Sie beginnen, Ihre Träume zu realisieren und erste kleine Projekte in die Welt setzen, werden Sie sich verletzlich fühlen und sich manchmal fragen, ob sich Ihr Mut wirklich lohnt. Erinnern Sie sich an Situationen, in denen Sie jemandem gezeigt haben, dass er oder sie Ihnen wichtig ist, dass Sie sich vielleicht sogar ein wenig verliebt haben? Erinnern Sie sich an das Gefühl der Unsicherheit und Verletzlichkeit, das sich in Ihrem gesamten Körper ausgebreitet hat? Herzklopfen, feuchte Hände oder das Kribbeln im Bauch?

Das Gefühl der Unsicherheit ist die Währung des Mutes. Die Vorstellung, die gewohnten Grundmuster verlassen zu können, ohne in irgendeiner Weise das Gefühl der Unsicherheit zu verspüren, ist naiv und illusorisch. Vielleicht beginnt das Buch, Sie an dieser Stelle zu enttäuschen. Vielleicht haben Sie bisher gehofft, Mut zu leben wäre ohne das Gefühl der Unsicherheit möglich. Dann nehmen Sie jetzt einen tiefen Atemzug und schnaufen durch, denn wir sind an der wichtigsten Stelle im gesamten Buch angelangt. Encourage bedeutet, zu lernen, trotz Unsicherheit zu handeln. Es bedeutet, zu lernen, Unsicherheit auszuhalten. Encourage bedeutet nicht, sich sicher und souverän zu fühlen. Encourage ist immer auch das Leben mit der Unsicherheit. Wer keine Zweifel und Unsicherheit erträgt, wird in seinen Grundmustern der Vermeidung bleiben.

Unsicherheit auszuhalten ist kein leichtes Entwicklungsvorhaben. Eine Studie von Archy de Berker, einem Sozialwissenschaftler des University Colleges London, hat gezeigt, dass es für Menschen leichter ist, sicher zu wissen, dass Schmerz kommt, als die Unsicherheit auszuhalten, ob er kommt. Und vielleicht kennen Sie selbst Situationen aus Ihrem Leben, in denen Sie auf eine wichtige Information oder Reaktion gewartet haben - auf einen Anruf vom Arzt bezüglich bestimmter Untersuchungsergebnisse, auf eine Nachricht vom Immobilienhändler, ob Sie die Traumwohnung bekommen, auf ein Zeichen von einem Menschen, in den Sie sich verliebt haben. Momente, in denen die Unsicherheit und das Warten Sie so mürbegemacht haben, dass Ihnen die negative Botschaft lieber gewesen wäre als das weitere Warten und die Unsicherheit. Unser Körper zeigt der Studie zufolge die stärksten Stresssymptome, wenn wir uns in Unsicherheit befinden. Die Reaktion auf erwarteten Schmerz ist von weniger starken Stresssymptomen begleitet als die Unsicherheitsphase. Die Forscher rund um de Berker haben die Hypothese aufgestellt, dass es evolutionsbiologisch unter Umständen sinnvoll war, den Stresspegel in Phasen der Unsicherheit zu erhöhen, da eine angemessene Stressreaktion hilft, Gefahren richtig einzuschätzen (de Berker 2016).

Sie erinnern sich an unser evolutionär überalarmiertes Gehirn aus Kapitel zwei, das in seiner Reaktionsweise noch immer dem Gehirn unserer Vorfahren in einer Umwelt mit objektiv hohen Überlebensrisiken entspricht. Auch beim Ertragen von Unsicherheit stellt uns unser Gehirn eine Falle. Es hat noch nicht gelernt, Unsicherheit als Teil unseres Daseins zu akzeptieren. Deshalb scheuen wir so gerne den Weg aus der sicheren alten Welt in das emotionale Neuland.

5.1 Schlüsselkompetenz: Unsicherheit aushalten

Die Fähigkeit, Unsicherheit auszuhalten, ist eine Schlüsselkompetenz in unserem Konzept. Ihre Bedeutung kann gar nicht hoch genug eingeschätzt werden. Eine Studie von Adam Berman, Leiter der US Berkley Business School und der Berkeley University in Kalifornien, untermauert diese These. Berman und seine Kollegen haben nach Indikatoren für den Erfolg von Studenten gesucht. Als wichtigsten Indikator haben sie die Fähigkeit, Unsicherheit und Ambiguität (Mehrdeutigkeiten und Widersprüchlichkeiten) auszuhalten, identifiziert. Olivia Fox Cabane, renommierte Autorin und Rednerin für Charisma und Auftreten, schreibt in ihrem Buch *Das Charisma-Geheimnis* (2013: 35): »Vielleicht ist die Fähigkeit, Unsicherheit auszuhalten, die wichtigste Kompetenz der Zukunft. Vielleicht sollten wir lernen, die Unsicherheit zu umarmen, statt sie panisch zu meiden.«

In der beeindruckenden und inspirierenden Dokumentation der ARD *Einfach Glück – eine Reise mit Anke Engelke* wird dieser Aspekt ebenfalls aufgenommen. Anke Engelke begegnet auf der Suche nach dem Glück ganz unterschiedlichen Menschen. Psychologen, Künstler und Menschen am Lebensende kommen zu Wort. Viele Momente in der Dokumentation berühren den Encourage-Gedanken. Ohne Mut ist ein glückliches Leben nur schwer realisierbar. Ganz am Ende der Dokumentation tritt der »Chor der Muffligen« in der Philharmonie in Köln auf. Im Rahmen der Dokumentation wurde gemeinsam mit der Hochschule Köln geforscht, ob Singen glücklicher macht. Die Ergebnisse waren beeindruckend positiv. Die ehemals muffligen Sänger stehen am Eingang zur Bühne. Auf sie wartet eine mit Zuschauern gefüllte Philharmonie. An ihren Gesichtern sind die Freude und die Aufregung gleichermaßen sichtbar. Anke Engelke, in dieser Dokumentation mal gar keine Ulknudel, sondern eine äußerst empathische und authentische Reiseleiterin auf dem Weg zum Glück, bereitet den Chor mit folgendem Satz auf den Auftritt vor: »Man ärgert sich hinterher, wenn man nicht genossen hat, was geschehen ist. Auch wenn man vor einer Sache unsicher ist, weil man sie nicht einschätzen kann, ist sie doch etwas Besonderes.

»*Vielleicht ist die Fähigkeit, Unsicherheit auszuhalten, die wichtigste Kompetenz der Zukunft. Vielleicht sollten wir lernen, die Unsicherheit zu umarmen, statt sie panisch zu meiden.*«

Olivia Fox Cabane, Autorin des Buches *Das Charisma-Geheimnis*

Stellt Euch bewusst dem Gefühl der Nervosität, Unsicherheit, Aufgeregtheit oder Überforderung. Stellt Euch diesem Gefühl, macht es Euch ganz bewusst und nehmt es mit. Es gibt Leute, die sagen, man muss nervös sein, damit es Spaß macht; das stimmt nicht. Man muss bewusst sein, damit es Freude macht.«

Was wäre, wenn wir in all den Mut-Situationen in unserem Leben beginnen würden, die Unsicherheit zu begrüßen, statt sie mit allen Mitteln zu vermeiden? Was würde sich ändern, wenn wir Wahrnehmungen wie Bauchkribbeln, feuchte Hände, Magendruck, kalte Füße, kalte Hände, Angstschweiß und so weiter akzeptieren könnten als notwendigen Bestandteil von Veränderung? Was würde sich verändern, wenn wir nicht mit allen Mitteln versuchen würden, sicher und souverän zu sein, sondern unser Lernen und unsere Entwicklung auf das Aushalten und Annehmen der Unsicherheit konzentrieren würden? Was würde sich ändern, wenn wir realisieren würden, dass genau dieser Moment der Abschied aus dem vertrauten Gelände des Nichthandelns und der erste Schritt des Weges in das Neuland ist?

5.2 Interview mit Walter Wölfle: Umgang mit Unsicherheit und Störfeldern aus dem Blickwinkel der Sportpsychologie

Walter Wölfle, einer meiner Kollegen aus dem Trainer-Netzwerk coacht unter anderem Athleten und Trainer im Profisport auf dem Gebiet mentales und sportpsychologisches Training. Ich habe mit Walter ein Interview zum Thema Umgang mit Unsicherheit und Ängsten aus sportpsychologischer Sicht geführt. Er hat zugestimmt, einen Auszug daraus in diesem Buch zu veröffentlichen.

Was reizt dich an der sportpsychologischen Begleitung von Spitzensportlern?

Im Spitzensport geht es in besonderem Maße darum, Leistung zum Zeitpunkt X abzuliefern und mit inneren oder äußeren Störfeldern umzugehen. Das Schöne und Prickelnde dabei ist, dass man Ergebnisse direkt sieht und messen kann. Umso brutaler zeigen sich dann auch misslungene Aktionen und ein Versagen bei Sportlern. Bei den Athleten (wie bei Zuschauern) werden die unterschiedlichen Emotionen oft unmittelbar ausgelöst und auf die Reise geschickt, was für den gewünschten Erfolg sowohl förderlich als auch hinderlich sein kann.

Hast Du ein Beispiel dafür?

Um es an einem Beispiel deutlich zu machen: Ein junger Biathlet mit bereits internationaler Erfahrung hat über mehrere Wochen hinweg Probleme beim Stehendschießen. Das Liegendschießen ist stabil wie immer und im läuferischen Bereich ist der Athlet top in Form. Zu Beginn der Weltcupsaison sucht der Athlet (auf Anraten seines Trainers) sportpsychologische Unterstützung und beschreibt seine Unsicherheit: »Vorletzte Woche klappte es im Techniktraining gut mit dem Stehendschießen. Vorgestern war wieder die hohe Abweichung bei den Serien. Ich gehe schon total ungern ins Techniktraining, gerade wenn die ersten ein bis zwei Schüsse nicht sitzen, macht sich Anspannung breit. Dann muss ich immer wieder neu ansetzen und brauche unnötig Zeit. Immer wieder werde ich abgelenkt durch Negativgedanken. Meine große Sorge für die kommenden Wettkämpfe ist, dass der erste Schuss nicht sitzt und ich dann unkonzentriert werde und die nötige Kontrolle im Wettkampf verliere. Ich bin einfach verunsichert.«

Wie gehst Du bei dieser Ausgangslage im Coaching vor?

Tendenziell agieren Menschen in Verbindung mit eigener Unsicherheit und Angst – und das in unterschiedlichsten Lebenskontexten – eher so, dass sich die körperliche und psychische Anspannung erhöht und ein deutliches Unbehagen entsteht. Das Störfeld wird meist automatisch verstärkt, indem wir den vermeintlich inneren oder äußeren Stressor schnell beseitigen und loshaben wollen – mit dem Resultat, dass erst recht Überdruck und hoher Distress ausgeschüttet werden.

Mit anderen Worten: es braucht eine bewusste Selbststeuerung und Lenkung der Aufmerksamkeit, ansonsten übernimmt unser Autopilot, wir stürzen uns auf die Störung, unsere Aufmerksamkeit und Energie wird davon geschluckt – und dies führt zu suboptimalem Handeln!

Es wäre also wichtig, nicht gegen die Unsicherheit anzukämpfen, sondern sie eher auszuhalten?
Genau, aber das alleine reicht nicht. Für die anstehende Coaching-Arbeit waren drei Aspekte wesentlich:

Erster Aspekt: Das frühzeitige Wahrnehmen und Achtsam-Sein für den inneren Zustand. Wie ein kurzes Innehalten und Bewusstwerden: Was passiert gerade in mir körperlich, emotional und auch mental? Bei diesem Athleten hat sich die Unsicherheit direkt vor dem Stehendschießen auf der letzten Abfahrt in Richtung Stadion bemerkbar gemacht. Ständig kamen wiederkehrende Gedanken, einem Mantra gleich: »Schieß ja den Ersten nicht gleich daneben«. Der Puls war stabil, er bemerkte jedoch ein leicht wackeliges Gefühl beim Gleiten und ein mulmiges Gefühl im Oberbauch. Das waren für ihn die Indikatoren, klar und zeitnah zu registrieren »Jetzt ist es wieder soweit«, da ist sie, die Unsicherheit. Und diesen Moment auszuhalten, das ist die Herausforderung.

Zweiter Aspekt: Er benötigt ein kurzes inneres Okay-Geben, ein So-ist-es-gerade. Also diesen unsicheren Zustand zu akzeptieren, ohne sich von ihm vereinnahmen zu lassen. Mit der Haltung: »Ich mach ein Häkchen dran«, » Ich hab's registriert ...«, »Info ist angekommen« oder »War ja klar«, »Bin im Bilde«, »So what ...«

Dritter Aspekt: Dann kann er bewusst umschalten und präsent sein (in un-mittelbarer Vorbereitung auf das Schießen). Dafür wird ein differenzierter Ablauf entwickelt, eine Form der mentalen Ansteuerung. So kann er sich mental bekräftigen: »Ich weiß, was jetzt ansteht, was zu tun ist. Ich habe meinen Fahrplan und bin bereit für die nächsten Schritte, für das, was zu tun ist.«

Diese Handlungsfähigkeit wird schrittweise und individuell an den Athleten angepasst, trainiert und simuliert. Die geeigneten Schritte (als Ankerpunk-te) in diesem Fallbeispiel waren: Noch mal tief ausatmen – Schulter lockern und Finger bewegen – innerer Satz: »Ganz ruhig, ich hab alle Zeit« – Fokus: Bauch, Finger, Auge.

Die Aufmerksamkeit wird gezielt auf die kleinen Schritte gelenkt, auf das, was jetzt gerade ist. Die Konzentration wird immer unterstützt durch Hin-bewegung und beschäftigt sich nicht damit, ein vermeintliches Störfeld vom Acker zu bekommen.

Was ist besonders herausfordernd in diesem Prozess?
Der Übergang von Punkt eins zu Punkt zwei. Innehalten und Kurz-Achtsam-Werden wollen trainiert sein, da unter den realen Anforderungen oft nur wenige Sekunden Zeit bleiben. Innehalten erfordert Mut. Dieser manchmal mühsame Lernschritt lohnt sich jedoch, denn ohne diesen Innencheck und die dafür nötige Präsenz, wird das klare äußere Handeln deutlich geschwächt und beeinträchtigt. Ganz nach dem alten Sprichwort »energy flows, where attention goes« (übersetzt: Energie fließt dorthin, worauf die Aufmerksam-keit liegt).

Wie siehst Du den Umgang mit Unsicherheit unter sportpsychologischen Aspekten?
In der Sportpsychologie spricht man von performance under pressure und meint damit Athleten, denen man gute Erfolgsaussichten zuschreibt, weil sie eine ausgeprägte Überzeugung von ihrer Kompetenz haben. »Ich weiß, dass

ich es kann und bin bereit, alles – auf der inneren Bühne – nach vorn zu schieben, was mich jetzt unterstützt.«

Das ist die Kunst, zum Zeitpunkt X im Wettkampf die entsprechenden Handlungen und Bewegungen unverkrampft zuzulassen – obwohl es jetzt besonders bedeutsam ist. Es verlangt als Kompetenz eben diese besondere Regulierungsfähigkeit, zumal sich unser Geist gerne ausgiebig mit dem potenziellen Versagen beschäftigt, gerade wenn es besonders wichtig ist! Dies bedeutet jedoch nicht, dass der Sportler grundsätzlich ein aufgesetztes, unechtes Selbstbild entwickeln soll und dabei noch professionell unterstützt wird. Es geht einfach darum, mit den unterschiedlichen Empfindungen in mir gut umzugehen. Nicht alles, was ich fühle, will ich verstärken und ausdrücken – aber das, was ich verstärke und wie ich handle, soll echt und meines sein!

Wenn wir anerkennen, dass wir ohnehin ganz unterschiedliche Stärken und Schwächen in uns beheimaten, können wir uns situativ und selektiv erlauben, jetzt mit dem zu gehen, was uns eher stärkt. Dies negiert keinesfalls, dass es mir wichtig ist, mich andernorts zur rechten Zeit dann um meine Anfälligkeiten und Anteile von Schwäche, Unvermögen oder Versagensangst zu kümmern. Wenn wir von unserer Kompetenz überzeugt sind, können wir besser loslassen. Dies ist nicht nur im (Biathlon-) Sport besonders hilfreich.

Mut zu zeigen ist nicht dasselbe, wie Hochleistung unter Druck zu erbringen. Trotzdem verdeutlicht das oben genannte Beispiel Techniken der mentalen Selbstführung, die wir in Situationen von Unsicherheit nutzen können. Der Biathlet trainiert, die Unsicherheit zu akzeptieren, ihr aber auch nicht die Führung zu überlassen. Durch die Konzentration auf das, was ihn stärkt, führt er sich in einen Zustand, der ihn trotz Unsicherheit handlungsfähig macht. Was kann uns in Situationen, in denen es um Mut geht, helfen, uns in diesen kraftvollen Zustand der Handlungsfähigkeit zu führen? Als wichtigste Ressource nutzen wir in unserem Konzept die klare Konzentration auf das innere Wofür. Sie blicken eben nicht nach unten in den Abgrund des Gaps, während Sie die Brücke überqueren. Nein, Sie halten Ihren Blick auf das gerichtet, für das es sich zu handeln lohnt: auf Ihr persönliches inneres Wofür.

Ein anderes schönes Bild habe ich in der Dokumentation *Auf den Spuren der Intuition* gefunden. Dort kommt der Hochseilläufer David Dimitri zu Wort: »Manchmal zeige ich kleinen Kindern, wie man seiltanzt. Und oft schauen sie plötzlich auf den Boden, weil sie das Gleichgewicht verlieren und springen runter. Und ich sage, schaue nicht auf den Boden, schau nach vorne. Weil du es schaffst, wenn du nicht runterschaust. Vom Moment an, wo du dein Ziel nicht mehr anschauen möchtest und auf den Boden schaust, heißt es schon, du wirst dort hinschauen, wo du hinfallen wirst. Und das sagt eigentlich alles. Im Leben würde ich nie dorthin schauen, wo ich nicht hingehen möchte.«

Neben der Konzentration auf das innere Wofür lernen Sie in den folgenden Kapiteln noch andere Techniken kennen, die Sie dabei unterstützen, ihren mentalen Zustand so zu steuern, dass Ihnen die erfolgreiche Bewältigung einer Mut-Situation besser gelingen kann. Freuen Sie sich darauf.

5.3 Angst auflösende Methoden

In Coaching-Prozessen, in denen es um mehr Mut und Handlungskraft geht, ist es häufig so, dass eine Verbesserung der jeweiligen Situation nur erreicht werden kann, wenn auch an Ängsten und deren Überwindung und Auflösung gearbeitet wird. In unserer Erfolgs- und Leistungsgesellschaft werden Ängste gerne tabuisiert. Doch Angst und Mut gehören zusammen. Sie sind gewissermaßen in vielen Fällen zwei Seiten von ein- und derselben Medaille. Daher nutzen meine Kollegen und ich eine Vielzahl an Methoden, um Ängste und Hemmungen bei unseren Klienten aufzulösen. Manchmal muss ein Mensch nicht mutiger werden, sondern nur Wege finden, mit Hemmungen und Blockaden wirkungsvoll umzugehen. Wir nutzen dabei unterschiedliche Methoden, die aber alle auf eine Bearbeitung der Ängste im limbischen System ausgerichtet sind. Daher werden diese Methoden auch gehirngerecht genannt.

Die drei Methoden, die ich Ihnen hier in aller Kürze vorstellen möchte, setzen alle an derselben Erkenntnis an: Emotionen tun uns nicht den Gefallen, zu verschwinden, wenn wir gegen sie ankämpfen. Im Gegenteil: Oft verstärken sie sich, je mehr wir versuchen, sie zu unterdrücken. Dann kommen wir in einen emotionalen Teufelskreis, der unsere Kraft zu handeln schwächt.

Introvision

An der Universität Hamburg wurde in den letzten zwanzig Jahren unter der Führung von Pädagogik-Professorin Angelika Wagner eine Methode zur Auflösung von Angstblockaden entwickelt, die genau an diesem Teufelskreis ansetzt und erstaunlich wirksam ist: die Introvision. Als Pädagogik-Professorin war Angelika Wagner an den inneren Dialogen von Lehrern während der Schulstunden interessiert. Durch die von ihr eingesetzte Methode des lauten Denkens wurde deutlich, dass Lehrer in schwierigen Lehrsituationen immer wieder von Denkmustern geführt wurden, die Sätze enthielten wie: »Es darf auf keinen Fall passieren, dass ich hier versage.«, »Ich darf auf keinen Fall die Kontrolle über die Klasse verlieren.«, »Ich muss hier auf jeden Fall souverän bleiben.« Je stärker diese Sätze, die Frau Wagner als Imperative bezeichnet, waren, desto stärker waren die Stressreaktionen der betroffenen Lehrer. Und umso weniger gelang es ihnen, in kritischen Situationen in der Klasse souverän zu bleiben. Das Team um Angelika Wagner stellte sich die Frage, wie solche limbischen Überalarmierungen zu dämpfen sind.

In einem über zwei Jahrzehnte dauernden Forschungsprojekt entwickelten sie die Methode der Introvision. Werden im limbischen System durch äußere Situationen Imperative darüber, was auf keinen Fall passieren darf, laut, wird in unserem Gehirn der Alarm ausgelöst. Das ist genau derselbe Alarm,

Emotionen tun uns nicht den Gefallen, zu verschwinden, wenn wir gegen sie ankämpfen. Im Gegenteil: Oft verstärken sie sich, je mehr wir versuchen, sie zu unterdrücken.

den wir auch von den Situationen am Gap kennen: »Ich darf den anderen auf keinen Fall enttäuschen«, »Ich muss in jedem Fall meine volle Leistung bringen«, »Ich darf hier nicht scheitern«, »Ich darf auf keinen Fall zeigen, dass mir das etwas ausmacht«. Das sind typische innere Sätze, die unsere Ängste am Gap ausdrücken. Meist haben diese Sätze einen tiefen Bezug zu unserer Biografie und den Erfahrungen, die wir in unserem Leben gemacht haben. Sie prägen unsere Wahrnehmung, unser Denken und unser Handeln weit mehr, als uns bewusst ist. Sie sind der Grund dafür, dass wir oft in der Welt des Nichthandelns verharren.

Bei der Introvisionsmethode versucht der Klient weder, sich gut zuzureden, noch, sich von der alarmierenden Situation abzulenken. Er lernt, in einem speziellen Wahrnehmungsprozess schrittweise seiner größten Angst zu begegnen. Durch die wiederholte Konfrontation mit der eigenen Angst, verliert die Möglichkeit allmählich an Schrecken. Im limbischen System findet eine Art Immunisierung gegen die Angst statt, die zu Gelassenheit und Selbstvertrauen führt.

Oft durchwandert der Klient in dieser Konfrontationsphase starke körperliche Symptome wie ein Zusammenziehen des Magens oder Beschleunigung des Herzschlags. Oder er erlebt starke Emotionen wie Angst, Trauer oder Schmerz. Doch hat unser Gehirn die Konfrontationsphase durchlaufen, beruhigt sich das limbische System typischerweise und akzeptiert die Situation, die zuvor nicht aushaltbar schien. Am Ende eines erfolgreichen Introvisionsprozesses kann der Klient voller Gelassenheit, Akzeptanz und Ruhe auf ein mögliches Scheitern blicken und hat damit alle mentalen Ressourcen in der Hand, um das Scheitern zu vermeiden (Wagner 2015).

Wingwave

Wingwave ist eine aus der Traumatherapie entwickelte Coaching-Methode, die sich die Auflösung innerer Ängste zum Ziel gemacht hat. Sie hat ihren Ursprung in der EMDR-Methode (Eye Movement Desensitization and Reprocessing). Beim EMDR wird der traumatisierte Patient mental in die angstauslösende Situation geführt und durchläuft die typischen körperlichen und emotionalen Reaktionen. Durch eine parallel einsetzende schnelle Bewegung der Augen (der Klient folgt dem Zeigefinger des Coaches) können erstaunlich schnelle, beruhigende und Angst auflösende Wirkungen erzielt werden. Die positiven Ergebnisse von Untersuchungen an den Universitäten Köln und Hamburg zur Wirksamkeit von Wingwave belegen, dass die Methode sich unter anderem bei Auftritts- und Präsentationsangst gut bewährt (Besser-Siegmund 2007). Die Wingwave-Methode ähnelt in ihrem Ansatz der von Reiner Franke weiterentwickelten Klopftechnik. Bei beiden Methoden wird der Aktivitätszustand oder Stresszustand des Klienten nicht über bewusste Prozesse, sondern über körperliche Prozesse (Augenbewegungen, Klopfen) reguliert. Während vor einigen Jahren derartige Methoden von der Wissenschaft noch gerne belächelt und nicht genommen wurden, erkennen heute Psychologen, Biologen und Mediziner solche Methoden an. Die Verbindung von Körper und Geist wird heute als Therapieform nicht mehr ernstlich infrage gestellt.

Internal Family System (IFS)

Ich selbst arbeite sehr gerne und seit vielen Jahren zudem mit der Methode Internal Family System. Richard Schwartz, der Begründer der Methode, ist ein systemischer Familientherapeut und hat in der Arbeit mit seinen Klienten wiederholt die Erfahrung gemacht, dass sich im inneren System von Klienten bestimmte Persönlichkeitsteile herausbilden, die die Klienten dann in für sie schwierigen Situationen führen und deren Handeln stark beeinflussen. In der systemischen Sichtweise von Richard Schwartz besteht die Persönlichkeit eines Menschen aus beschützten Teilen, die Emotionen wie Angst, Verunsicherung oder Alleinsein in sich tragen, und beschützende Teile, die versuchen, sicherzustellen, dass diese verletzlichen Bereiche unserer Persönlichkeit möglichst nicht aktiviert werden. Unser inneres System besteht nach Schwartz somit nicht aus einem Ich, sondern gewissermaßen aus mehreren Personen oder Persönlichkeitsanteilen, die gemeinsam zusammenwirken und unser Internal Family System bilden.

Im Coaching-Kontext sind solche Beschützerteile beispielsweise »der Perfektionist«, »die Harmonieorientierte« oder »der Angeber« in uns. Bei der IFS-Arbeit versteht der Klient schrittweise mehr über seine inneren Dynamiken und lernt, seinen immer auch vorhandenen, verletzlichen Teilen mit Mitgefühl und Akzeptanz zu begegnen. Dadurch entsteht im Klienten ein Gefühl von Versöhnung und innerer Ruhe und Klarheit. Ursprünglich stark angstbesetzten Situationen kann dadurch mit mehr Ruhe und Gelassenheit begegnet werden (Schwartz 2016).

Ich nutze alle genannten Methoden im Coaching und habe damit gute Erfahrungen gemacht. Jede der Methoden benötigt Erfahrung und Wissen, um verwendet werden zu können. Daher empfiehlt es sich, die genannten Methoden im Coaching-Kontext kennenzulernen. Manche Barrieren oder Angstblockaden können nur mit professioneller Hilfe aufgelöst werden. Doch das ist nicht der entscheidende Punkt. Viel wichtiger ist die Botschaft, dass es funktionierende Wege gibt, irrationale Ängste schrittweise aufzulösen. Unser Gehirn kann ganz offensichtlich lernen, mit Ängsten umzugehen. Wenn ein Klient nach der Anwendung geeigneter Methoden erneut in eine angstauslösende Situation kommt, macht er typischerweise die Erfahrung, dass sein limbisches System gar nicht mehr oder deutlich weniger alarmiert reagiert. Oder in Encourage-Konzept-Worten gesprochen: Das Gap wird kleiner, die Unsicherheit und die unangenehmen Gefühle nehmen ab.

Umsetzung in die Praxis

Nehmen Sie in der nächsten Situation am Gap ganz bewusst die Reaktionen Ihres Körpers wahr. Erforschen Sie die Symptome wie ein sehr interessierter, aber unbeteiligter Forscher. Nehmen Sie wahr, wie sich Ihr Herz- oder Pulsschlag beschleunigt, fühlen Sie die Krämpfe oder das Kribbeln in der Bauchgegend, spüren Sie ihre kalten oder feuchten Hände. Alle Informationen über die Reaktionen Ihres Körpers in Situationen am Gap sind wertvoll und willkommen. Statt gegen diese Reaktionen zu kämpfen und verzweifelt nach Gelassenheit zu suchen, nehmen Sie diese sehr konzentriert wahr.

Geben Sie dann ein inneres Okay. Die Unsicherheit darf dableiben.

Entscheiden Sie ganz bewusst, Ihre mentale Fokussierung auf Ihr inneres Wofür auszurichten. Ihr Blick richtet sich auf das, wofür es sich zu handeln lohnt.

Zusammenfassung

Die Erwartung, mutig zu handeln und sich dabei durchgängig souverän zu fühlen, ist naiv und unrealistisch.

Statt gegen die Unsicherheit anzukämpfen, können wir lernen, sie zu akzeptieren.

Unsicherheit ist die Währung des Muts.

Es gibt äußerst wirksame Methoden, um das Gap zu verkleinern.

Kapitel 6:
Der Körper – Die unterschätzte Ressource

● ● ● ● ● ● ● ● ● ● ● ● ● ● ● ● ● ● ● ●

»In der Haltung des Körpers verrät sich der Zustand des Geistes. Durch die Körperbewegung spricht gleichsam des Geistes Stimme.«

Ambrosius (um 340 – 397), Bischof und römischer Politiker

Die folgenden drei Kapitel konzentrieren sich auf das Tun. Hinter ihnen steht die Frage, was Sie tun können und wie Sie es tun können, damit Ihr mutiges Handeln wirksam und erfolgreich werden kann. Im Kapitel vier zum inneren Wofür haben wir mit dem Brückenbau begonnen. Nun wird die Brücke weiter gebaut, befestigt und begehbar gemacht. Wir setzen dabei an drei Ebenen an: dem Körper, der Kommunikation und dem Systemcheck. Sie lernen, wie Sie Mut und Klugheit verbinden. Sie lernen, souveräner, klarer und selbstbestimmter aufzutreten, um das emotionale Neuland zu erobern.

Es trifft mich immer wieder, Menschen zu begegnen, die versuchen, mutig zu sein, aber nicht gelernt haben, dies mit kommunikativer und strategischer Kompetenz zu verbinden. Wie viele Menschen holen sich eine blutige Nase, wenn sie versuchen, für ihre Meinungen, Ideale oder Träume einzustehen, doch dabei die Bedeutung der Kommunikation und Strategie vollständig unterschätzen. Genau diese Erfahrungen will ich Ihnen ersparen. Ich will Sie ausstatten mit einigen Fähigkeiten, die es braucht, um mutiges und entschlossenes Handeln zum Erfolg zu führen. Eine Garantie für Erfolg kann ich Ihnen nicht geben, aber ich kann Ihnen in der Praxis erprobtes Rüstzeug mit an die Hand geben, das mutiges Handeln mit hoher Wahrscheinlichkeit zum Erfolg führt.

Sie haben bewusst abgewogen zwischen dem Preis, der entsteht, wenn Sie nicht handeln, und dem Preis für die Überwindung des Gaps. Sie haben die Entscheidung getroffen, Neues zu wagen und sich aus Ihrer alten, sicheren Welt zu verabschieden. Ein klares inneres Wofür gibt Ihnen die Kraft und Orientierung auf der Reise in das emotionale Neuland. Die Unsicherheit und die unangenehmen Gefühle akzeptieren Sie als notwendigen Bestandteil Ihres Prozesses zu mehr Mut. Allen diesen Aspekten ist gemeinsam, dass es sich um Elemente der Selbstführung handelt. Sie beschäftigen sich mit inneren Prozessen, Einstellungen, Sichtweisen, Erfahrungen und Ängsten. Doch wenn Sie mutiger werden wollen, gehört noch mehr dazu. Sie können lernen, Ihre Wirkung zu stärken und überzeugend aufzutreten.

Unser Werkzeugkasten in Sachen Mut erweitert sich um folgende Werkzeuge:

- unseren Körper,
- unsere persönliche Kommunikation,
- die Gestaltung unseres Umfeldes (Systemcheck).

6.1 Embodiment

»Der Körper ist die Bühne der Gefühle«, sagt der Gehirnforscher Damasio. Wer lernen will, mit Gefühlen umzugehen, muss lernen, mit seinem Körper umzugehen. Der Körper ist unsere wichtigste Ressource: Er ist die Basis Ihrer Wirkung nach innen wie außen.

Haben Sie Lust, sich auf ein kleines Experiment einzulassen?

Wo auch immer Sie gerade sitzen oder stehen: Krümmen Sie für einen Moment Ihren Rücken, lassen Sie die Schultern nach vorne hängen und halten Sie Ihren Blick auf den Boden geheftet. Bemerken Sie, wie Ihr Körper an Stärke verliert? Wie sich ein Gefühl von Schwäche und Energielosigkeit einzustellen beginnt? Nun sagen Sie sich innerlich den Satz: »Das schaffe ich auf jeden Fall.« Welche Botschaft setzt sich in Ihnen durch? Die des Körpers oder die der Sprache?

Bei den Teilnehmern, mit denen wir dieses kleine Experiment in unseren Seminaren machen, setzt sich zu mehr als 95 Prozent der Körper durch. Es ist fast unmöglich, mit einem defensiven, eingesunkenen Körper Gefühle wie Stärke und Zuversicht zu verspüren. Erinnern Sie sich an unser limbisches System, das am Gap überalarmiert reagiert? Unsere Angst und Unsicherheit drücken sich direkt in Körperreaktionen aus. Herz- und Pulsschlag beschleunigen sich, der Atem wird flach und schnell, der Körper bereitet sich darauf vor, wegzulaufen oder anzugreifen. Das passiert blitzschnell und in der Regel haben wir keinen Einfluss darauf. Aber wir sind diesen limbischen Reaktionen nicht hilflos ausgeliefert. Es gibt einen Ansatzpunkt, durch den wir unsere emotionalen Reaktionen beeinflussen können: unseren Körper.

Gehen Sie für einen Moment den umgekehrten Weg. Richten Sie sich bewusst auf, heben Sie den Blick, spüren Sie Ihre aufgerichtete Wirbelsäule und atmen sie fünf Atemzüge bewusst tief in den Bauchraum. Wie verändert sich Ihr innerer Zustand? Wie sehr dringt der Satz: »Das schaffe ich auf keinen Fall« zu Ihnen durch, wenn Sie die aufrechte Körperhaltung bewahren?

Dieses Selbstexperiment zeigt, dass Gehirn und Denken auf der einen Seite und der Körper auf der anderen Seite keine getrennten Systeme sind. So wie unsere Körpersprache unsere Emotionen verrät, ohne dass wir dieses wirklich verhindern können, so können wir uns diesen Umstand auch zunutze machen und unseren Körper als machtvollen Regulator für unsere Empfindungen verwenden.

In der Psychotherapieforschung hat sich für die Bedeutung und Erfahrung der Wechselwirkungen zwischen Gehirn, Körper und Umwelt der Begriff »Embodiment« herausgebildet. Er bedeutet einen Paradigmenwechsel in der Art wie wir unsere Leib-Seele-Beziehung verstehen. Lange wurde unser Verständnis von dem Satz von Descart: »Ich denke, also bin ich« geprägt. Es wurde eine Trennung von Körper und Kopf postuliert und dem Denken die wichtigste Qualität in Bezug auf Selbststeuerung zugeschrieben. Diese Sichtweise hat sich dank Forschungsergebnissen aus dem Bereich der Neurophysiologie entscheidend geändert. Die Forschung hat gezeigt: Körper, Gehirn und Umwelt sind ein sich selbst organisierendes Gesamtsystem. Es gibt nicht die eine Steuerungszentrale. Vielmehr arbeitet unser Gehirn nach dem Prinzip der Musterergänzung. So ist in unserem limbischen System beispielsweise mit dem Gefühl der Unsicherheit, eine eingesunkene Körperhaltung, eine flachere Atmung, eingeengte Wahrnehmung und typische mentale Überzeugungen, wie »Das schaffe ich nicht« oder »Ich bin nicht gut genug« als Gesamtmuster abgelegt. Assoziative Zellverbände sind durch Synapsen verbunden und haben dieses Schaltprogramm Unsicherheit in uns abgebildet. Bedienen wir nun einen der Stecker dieses Schaltprogramms, beispielsweise den Körper, ergänzt unser Gehirn den Rest. Nehme ich also für wenige Minuten eine eingefallene Körperhaltung mit flacher Atmung ein, stellt sich ein Gefühl der Kraftlosigkeit oder Unsicherheit automatisch ein (Storch 2010).

Mit diesem Prinzip der Musterergänzung wird schon seit vielen Jahren in der Ausbildung und Begleitung von Schauspielern gearbeitet. Ich möchte an dieser Stelle meine Kollegin Juliane Kluge zu Wort kommen lassen, die viele Jahre in der Arbeit am Schauspiel verbracht hat: »Wenn ich mit einem Schauspieler an der inneren Haltung einer Rolle und der emotionalen Intention arbeite, ist es eine Möglichkeit, intensiv über den Körper zu gehen. Wir beginnen mit einem körperlichen Bewegungsablauf. Die physischen Haltungen sind zunächst extrem überzeichnet. Soll der Schauspieler beispielsweise jemanden verkörpern – man achte auf das Wort – der vollkommen niedergeschlagen und innerlich zerstört ist, fordere ich ihn auf, in eine Haltung zu gehen, die ganz zusammengekrampft und gekrümmt ist. Am Anfang darf er diese Haltung bis zum Extrem treiben. Aus diesem Zustand wird dann die emotionale Qualität der Rolle entwickelt. Dann kommt erst der Text dazu und die Bewegungen werden langsam wieder reduziert. Ich nutze diese Form der Arbeit auch im Coaching vor Auftritten. Ich lade den Klienten ein, eine extreme Körperhaltung der Stärke einzunehmen, die er idealerweise mit einem inneren Bild verbindet. Zum Beispiel ein Löwe, der Raum nimmt, oder eine Königin, die den Raum betritt. Diese Bilder gebe ich nicht vor, sondern entwickle sie gemeinsam mit dem Coachee. Wir üben dann mehrfach, übertrieben in diese stärkende Körperhaltung zu gehen und sie langsam in Kombination mit dem verbalen Auftritt zu reduzieren.«

Genau dieses Prinzip der Musterergänzung können Sie in emotional schwierigen Situationen, die zu Encourage dazugehören, als Regulator nutzen. Auf nichts reagiert unser limbisches System so schnell wie auf eine Veränderung unserer Körperhaltung und Atmung. »Schick deinen Körper voraus, die Seele kommt dann hinterher«, bringt Gunther Schmidt, einer der erfolgreichsten Hypnotherapeuten Deutschlands, diesen Zusammenhang von Emotionen und Körper auf den Punkt.

Im Weiterem gebe ich Ihnen einige Anhaltspunkte, die eine stärkende Körperhaltung hervorrufen und im Sinne der Musterergänzung ein Gefühl von Stärke und Selbstbewusstsein indizieren. Seriöserweise muss aber gesagt werden, dass alleine die Korrektur der Körperhaltung in wirklich schwierigen Situationen nicht funktioniert. Im Gegenteil, wenn Sie in der Situation permanent mit Gedanken beschäftigt sind, die in die Richtung gehen, wie muss ich dastehen, wie muss ich schauen, verlieren Sie an Kraft und Präsenz.

Das Gefühl des starken, aufgerichteten Körpers muss in Ihrem limbischen System fest verankert und mit inneren Bildern oder Sätzen kombiniert sein, damit in wirklich herausfordernden Situationen das Embodiment wirken kann. Nehmen Sie also folgende Empfehlungen als Ausgangspunkt für Ihr persönliches Experimentierfeld Körper. Erspüren und erfahren Sie welche Veränderungen der Körperhaltung zu welchem inneren Erleben führen und nähern Sie sich Ihrem emotionalen Muster von Stärke an. Im Punkt Umsetzung in die Praxis komme ich auf genau diesen Punkt zurück.

6.2 Tipps für die Praxis

Aufrecht

Richten Sie sich auf. Ihre Füße haben festen Kontakt zum Boden. Sie spüren Ihre Fußsohlen, die im Kontakt mit dem Boden sind. Sie spüren den festen Halt, den Ihnen diese symmetrische und mit der Erde verbundene Haltung gibt. Schließen Sie die Augen und richten Sie langsam und bewusst Ihre Wirbelsäule auf. Stellen Sie sich vor, auf Ihrem Kopf liegt eine kleine Krone, die Sie souverän und ohne Anstrengung durch Ihre aufrechte Körperhaltung balancieren. Alternativ können Sie sich das Bild eines starken Baumes vor das innere Auge holen. Oder vielleicht finden Sie ein anderes Bild, das Ihnen hilft, eine klare innere Vorstellung von einer aufgerichteten und kraftvollen Körperhaltung zu entwickeln. Unser limbisches System lässt sich hervorragend durch innere Bilder beeinflussen. Nutzen Sie dieses Phänomen.

Raum nehmend

Wo auch immer Sie sich zeigen, sorgen Sie zuvor dafür, einen guten Platz zu finden. Quetschen Sie sich nicht an das Ende eines Tisches, lassen Sie sich nicht von Tischbeinen und -ecken den Raum nehmen. Lassen Sie sich nicht von der Sonne blenden und damit Ihre Blickkraft verlieren. Sorgen Sie für sich und einen guten Platz, bevor Sie starten. Jetzt kann Ihr Körper selbstverständlich und ohne Imponiergehabe Raum nehmen. Ihr Brustkorb weitet sich und gibt Ihnen Raum, offen und frei zu atmen. Trauen Sie sich, Ihren Brustraum ein wenig größer werden zu lassen, erinnern Sie sich an die Haltung eines Generals beim Appell, selbst wenn es sich für Sie zunächst ungewohnt und vielleicht auch unangenehm anfühlt. Sie werden die Erfahrung machen, wie sehr eine geweitete Brust in herausfordernden Situationen hilft. Es ist nicht nötig, diese Veränderungen zu übertreiben, oft reichen kleine Nuancen der veränderten Körperhaltung, um den inneren Zustand deutlich zu beeinflussen.

Auf Augenhöhe

Sie sind sehr klar verbunden mit Ihrem inneren Wofür. Sie wissen genau, wofür Sie sich einsetzen. Mit dieser inneren Klarheit begegnen Sie anderen Personen. Ganz bewusst gehen Sie auf Augenhöhe und halten den Blick. Sie können dabei innerlich ein Gefühl des ehrlichen Interesses am anderen entstehen lassen, das sich in Ihren Augen ausdrücken wird. Die Augen sind der Spiegel der Seele. Je mehr Ihre innere Haltung von Klarheit und echter Zugewandtheit geprägt ist, desto stärker wird dies für das Gegenüber spürbar. Halten Sie diesen Blickkontakt, insbesondere wenn es schwierig wird.

Tiefe und langsame Atmung

Sie können Ihre Atmung jederzeit beeinflussen. Die Atmung ändert sich in dem Moment, in dem das limbische System sich gestresst oder in Gefahr fühlt. Sie wird schneller und flacher. Wenn Sie lernen, Ihre Atmung bewusst zu beeinflussen, können Sie diesen Mechanismus ins Gegenteil kehren. Entscheiden Sie, bewusst in den Bauch- oder Beckenraum zu atmen. Sie merken, wenn Sie in den Bauch- und Beckenraum zugleich atmen, dass sich sowohl die Rippen, als auch der untere hintere Rücken weiten. Es reichen fünf tiefe und lange Atemzüge, um Ihrem limbischen System zu signalisieren: Es ist alles in Ordnung.

Die Haltung unseres Körpers, unsere Fähigkeit zum Blickkontakt wie auch die Art unserer Atmung sind über viele Jahrzehnte antrainiert und spiegeln viel Unbewusstes wider. Es ist zu spät, erst in Vorbereitung auf schwierige Situationen diese Techniken zu nutzen. Wir laden Sie ein, mehrfach täglich Ihre Körperhaltung, Atmung und Blickrichtung wahrzunehmen und, wenn gewünscht, korrigierend einzugreifen. Es geht nicht darum, jeder Sekunde unseres Lebens mit dieser aufgerichteten, würdigen und ruhigen Haltung zu begegnen. Aber es ist äußerst kraftspendend, immer wieder diesen Ort der inneren Ruhe und Würde aufzusuchen, um im konkreten Bedarfsfall mit dieser Haltung vertraut zu sein.

Umsetzung in die Praxis

Nehmen Sie sich mindestens zwei Minuten Zeit, die oben beschriebenen Körperhaltungen sehr bewusst einzunehmen. Experimentieren Sie mit den Haltungen und erspüren Sie, welche Veränderungen in der Haltung Ihnen Kraft und Selbstvertrauen geben. Forschungen haben ergeben, dass sich nach spätestens zwei Minuten die Körperhaltung auf den emotionalen Zustand von des Menschen auswirkt (Cuddy 2012).

Finden Sie ein inneres Bild, welches Sie mit dieser Körperhaltung verbinden: Der große, alte Baum, die aufrechte Königin, der stolze Löwe, sind einige simple Bilder, die helfen, aus der gelebten Körpererfahrung eine ganzheitlich abrufbare Mustererfahrung zu machen. Nehmen Sie sich Zeit, diese Bilder in sich selbst zu finden. Ein kurzes Motto, wie: »klar und selbstbewusst«, »ruhig und aufrichtig«, »verständnisvoll und offen«, kann helfen, die inneren Bilder zu verstärken.

6.3 Körper und Geist

Aufrechte Pfleger

Lange Zeit habe ich die Krankenhaus-Pfleger einer Intensivstation in Dresden gecoacht. Eine sehr schmerzliche Erfahrung war für die Pfleger der respektlose Umgang vonseiten der Ärzte mit ihnen. Nicht selten wurden Pfleger in kritischen Momenten vor Patienten abgekanzelt. Der Schmerz, so respektlos behandelt zu werden, war tief und hielt oft über Wochen an. Immer wieder konnte ich beobachten, dass Verletzungen dieser Art neben Überbelastung zur Entstehung eines Burn-outs beitrugen. Die Pfleger brauchten daher dringend die Kompetenz, in genau diesen Situationen aufrecht Grenzen zu setzen.

Die Basis, auf der wir arbeiteten, war immer der Körper. Gemeinsam übten die Teilnehmer, im kritischen Moment nicht klein zu werden, sondern sich aufzurichten. Sie trainierten, einige tiefe Atemzüge zu nehmen und den entsprechenden Arzt auf Augenhöhe anzublicken. Jeder Pfleger entwickelte dabei sein ganz individuelles Körper- und Motivationsbild. Erst dann, nach einer kurzen Pause, starteten sie die Kommunikation. Wenig persönlich und mit Pause. »Bitte sprechen Sie nicht in dieser Form mit mir.«

Die Rückmeldungen von den Pflegern waren zum Teil sehr berührend. Viele haben die Erfahrung gemacht, dass alleine die körperliche Aufrichtung, der Blickkontakt auf Augenhöhe und die Pause die Beziehung zu den Ärzten veränderte. Nicht wenige berichteten voller Erstaunen, dass die Ärzte auf die

Grenzsetzung erstaunlich positiv reagierten und ihr Verhalten im Nachgang tatsächlich respektvoller wurde. Manche Pfleger machten die Erfahrung, dass das kritische verbale Ansprechen besser in einer Vieraugensituation aufgehoben ist. Ein Aspekt, den ich auch im Kapitel zum Systemcheck wieder aufnehmen werde.

Seit vielen Jahren arbeite ich mit dem Körper als Basis für Stärke und Souveränität. In meiner Arbeit als Trainerin und Coach nutze ich auch selbst die Veränderung der Körperhaltung. In Situationen, in denen ich Kraft und Selbstvertrauen brauche, nehme ich in Einzelgesprächen und Gruppenmeetings ganz bewusst eine aufrechte, offene und Raum nehmende Haltung ein. Trotzdem hat mich eine Studie der Sozialpsychologin Amy Cuddy von der Havard Business School zur Wirkung unserer Körperhaltung auf unseren Hormonhaushalt in ihrer Eindeutigkeit überrascht (Cuddy 2012). Zu Beginn des Experiments wurden bei den Probanden der Hormonspiegel von Cortisol, das auch als Stresshormon bezeichnet wird, und von Testosteron, das als Dominanzhormon bezeichnet wird, gemessen. Die Probanden wurden gebeten, zwei Minuten lang eine kraftvolle Körperhaltung einzunehmen. Nach nur zwei Minuten in dieser kraftvollen und Raum nehmenden Haltung veränderte sich der hormonelle Zustand in ihrem Körper. Der Cortisol-Spiegel nahm ab und der Testosteron-Spiegel zu. Aus anderen Studien weiß man, dass ein niedriger Cortisol-Spiegel in Kombination mit einem höheren Testosteron-Spiegel mit Eigenschaften wie Durchsetzungsstärke, Selbstvertrauen, Optimismus und Risikobereitschaft korreliert. Die Probanden fühlten sich also nicht nur stärker und risikobereiter, ihr hormoneller Zustand war tatsächlich verändert.

Wenn Sie beginnen, Ihr persönliches Gap zu überwinden, wird Ihr limbisches System reagieren. Sie werden verunsichert sein und Ihr Körper wird das ausdrücken, denn alle Emotionen finden im Körper Ihren Ausdruck. Machen Sie sich bewusst, dass diese Reaktionen nicht negativ sind. Sie sind natürlich und gehören zur Veränderung dazu. Lernen Sie stattdessen, positiv auf das zu blicken, was geschieht. Sie haben immer alles dabei, um auf Ihren emotionalen Zustand Einfluss zu nehmen: Ihren Körper und Ihre Atmung. Der zentrale Unterschied ist, dass Sie, statt gegen die natürlichen Unsicherheiten anzukämpfen, diese akzeptieren und eine Körperhaltung finden, die Ihnen Stärke und Selbstvertrauen gibt. Probieren Sie es aus, es wird sich auszahlen.

Zusammenfassung

Ihr Körper, seine Symmetrie, seine Aufrichtung und seine Atmung beeinflussen maßgeblich Ihren inneren Zustand.

Eine stärkende Haltung:

- Der Körper ist aufgerichtet,
- der Körper nimmt Raum,
- der Atem ist tief und ruhig,
- der Blickkontakt ist auf Augenhöhe.

Diese Körperhaltung kann durch regelmäßiges Üben trainiert werden. Zwei Minuten am Tag werden Ihnen helfen, diese Haltung zunehmend als selbstverständlich zu erleben.

Innere Bilder und Mottos vervollständigen die Körpererfahrung zu einer abrufbaren Mustererfahrung.

Vor jeder Mut-Situation bereiten Sie sich nicht nur auf der kommunikativen Ebene vor, sondern stimmen auch Ihren Körper auf die Situation ein.

Kapitel 7:
Die Kommunikation – Damit Mut wirken kann

»*Sprechen und hören ist befruchten und empfangen.*«

Novalis (1772 – 1801), Schriftsteller und Philosoph

Wann kommen bei Ihnen Botschaften vom Gegenüber an? Was muss der andere leisten, damit Sie verstehen, worum es ihm im Kern geht? Wann beginnen Sie, das Gegenüber ernst zu nehmen und über das, was gesagt wird, nachzudenken?

Gespräch mit der Mutter

»Ja, und was ich dir noch sagen wollte. Du musst nicht immer den ganzen Tag hindurch Essen kochen, wenn wir kommen. Du bist dann immer an-gestrengt und machst so viel Wirbel. Uns reichen ein Frühstück und ein gemeinsames Abendessen. Wir sind einfach da. Und wir haben ja auch noch viele andere Leute, die wir treffen wollen …«

Ich unterbreche Michael, einen großen, kräftigen Mann von vierzig Jahren, weil er dabei ist, sich um Kopf und Kragen zu reden. Er wirkt trotz seiner Größe und Kraft in diesem Moment verletzlich. »Hat das gepasst?« Wir sind in einer Übung zur Kommunikation in einem Setting, das wir Experimental-labor nennen. Idee des Labors ist, zunächst einmal neue Kommunikations-formen auszuprobieren und erst später zu entscheiden, ob und wie man diese neuen Werkzeuge in seinen Alltag übertragen möchte. Vor der Übung erfahren die Teilnehmer, wie man Gefühle wirksam zeigen und kommunizie-ren kann: Wenig sagen, Ich-Botschaften senden, Pausen aushalten. Nichts von alldem hat Michael – ein kluger und reflektierter Mann – in der Übung umgesetzt. Er hat viel gesprochen, viele Dus verwendet, keine Pause ge-lassen. Ich frage ihn, wie er sich fühlt und ob er zufrieden ist mit seinem Selbstausdruck. »Nein, bin ich nicht. Das ist so verdammt schwer. Ich fühle mich so unsicher. So habe ich noch nie mit meiner Mutter geredet.«

Die anderen beiden Kollegen machen ihm Mut: »Sag einfach, wie es dir geht und dass du traurig bist. Deine Mutter wird dich schon verstehen.« Mehrfach übt Michael seinen Selbstausdruck und jedes Mal ist ihm anzusehen, welche Überwindung ihn der Wechsel auf die emotionale Ebene kostet. Mehrfach findet er kein Ende und redet weiter, obwohl schon alles gesagt ist. Beim letzten Durchlauf blickt er die Kollegin, die seine Mutter spielt, an und sagt:

»Mama, ich bin einfach traurig, wenn wir bei Euch zu Besuch sind, dass wir nicht wirklich Zeit füreinander haben. Ihr seid mir beide wichtig, du und Vater.«

Eine Pause entsteht, in der die beiden Kollegen, aber auch Michael und ich selbst mit einem Mal sehr berührt sind. Uns allen wird deutlich, mit wie wenigen persönlichen Worten so viel Wichtiges ausgedrückt werden kann.

Wie reden Menschen im Alltag miteinander? Wird offen angesprochen, worum es geht? Wird klar, was sie sich sagen möchten? Denken wir immer klar und reden dann auch so?

Von Heike Thormann, eine Spezialistin für kreatives Schreiben stammt der Satz »Kommunikation ist ein schwieriges Geschäft. Vielleicht das Schwierigste, das es gibt.« In diesen Worten steckt viel Wahrheit. Funktionierende Kommunikation ist alles andere als selbstverständlich.

Es gibt unendlich viele Möglichkeiten, durch kommunikative Inkompetenz mutiges Handeln ins Aus zu führen. In der Regel reden wir zu viel, zu lange, zu unkonkret und lassen zu wenige Pausen. Alles sehr übliche Muster, unser Gegenüber zu überfordern und zu verlieren. Was braucht unser Gegenüber, um unser mutiges Handeln zu verdauen? Er oder sie muss schnell verstehen, worum es uns geht, und eindeutig verstehen, was unser Punkt ist. Er oder sie muss spüren, worum es uns im Innersten geht und warum wir den Schritt in die Konfrontation oder Realisierung wagen. Er oder sie braucht auch eine Pause, um zu verdauen, was wir ihm oder ihr zumuten. Er oder sie muss die Möglichkeit haben, Klarheit zu spüren, ohne sich erdrückt oder erpresst zu fühlen.

7.1 Tipps für die Kommunikation

Sie sprechen aus Ihrer inneren Klarheit. Sie sind verbunden mit Ihrem inneren Wofür und bauen Ihre Kommunikation aus diesem inneren Wofür auf. Sehr bewusst haben Sie entschieden, Ihr Grundmuster der Anpassung, Leistung, Zurückhaltung oder Stärke zu verlassen. Sie wollen es wagen, Ihre Meinung zu vertreten, Grenzen zu setzen, ein Projekt zu erläutern oder auch Gefühle zu zeigen (eventuell solche, die die eigene Verletzlichkeit deutlich machen). Was auch immer es ist - bevor Sie handeln, sind Sie sich klar darüber, warum Sie mutig sein wollen. Nun tragen Sie Ihre innere Entscheidung nach außen.

Schnell auf den Punkt kommen

Kommen Sie so schnell wie möglich auf den Punkt, um den es Ihnen geht. Reden Sie nicht um den heißen Brei herum. Drehen Sie keine überflüssigen Einleitungsrunden. Ihr Gesprächspartner hat verdient, sehr schnell und klar zu verstehen, worum es geht.

Folgende Formulierungen reichen meist aus, eine Thematik zu umreißen:
- »Ich möchte mit Ihnen über Ihre Leistung im Projekt reden.«
- »Ich möchte mit Ihnen über meine Arbeitsbelastung sprechen.«
- »Es geht mir um unsere Zusammenarbeit, darüber möchte ich mit dir sprechen.«
- »Ich will dir gerne von einer Idee erzählen.«
- »Ich möchte dir sagen, wie es mir damit geht, dass du viel weg bist.«

All diese Sätze zeichnen sich dadurch aus, dass sie in aller Einfachheit ankündigen, um was es geht. Sie vermeiden Missverständnisse und geben dem Gegenüber eine klare Orientierung.

Persönlich

Sprechen Sie von sich. Nicht von »uns«, nicht von »man«, sondern nur von sich. Sie schildern Ihre sehr persönliche Sichtweise. Das bedeutet, Sie öffnen Ihr Visier und zeigen, was Sie emotional berührt. Solange das Gegenüber Ihre emotionale Betroffenheit nicht spürt, kommt bei ihm wenig bis gar nichts an. Entwickeln Sie die Kompetenz, das Wort »ich« zu benutzen und es angemessen mit Ihren Emotionen zu verbinden. Emotionen kommen von dem lateinischen Wort movere – bewegen. Emotionen bewegen nicht nur in Ihnen etwas, sie wirken auch beim Gegenüber. Sie schaffen persönliche Beziehung und Betroffenheit. Folgende Sätze verknüpfen beispielhaft das persönliche Ich und die emotionale Ebene:

- »Ich bin enttäuscht über die Ergebnisse, die Sie abgeliefert haben.«
- »Ich fühle mich überfordert und verliere die Freude an meiner Arbeit, weil immer mehr Aufgaben dazukommen.«
- »Ich ärgere mich, weil ich einen Großteil des Projektes alleine gestemmt habe.«
- »In der Idee steckt viel Herzblut von mir.«
- »Du fehlst mir. Ich vermisse dich, wenn du so viel weg bist.«

Es geht nicht darum, andere durch den Ausdruck Ihrer Gefühle zu manipulieren oder irgendetwas vorzutäuschen, um Betroffenheit zu verursachen. Versuchen Sie so ehrlich und authentisch wie möglich zum Ausdruck zu bringen, was das Thema, das Sie ansprechen wollen, in Ihnen auslöst. Dafür brauchen Sie einen emotionalen Zugang zu sich selbst. Sie brauchen Antennen nach innen, um wahrzunehmen, was emotional in Ihnen passiert. Gehen Sie in keine Encourage-Situation, bevor Sie nicht annähernd geklärt haben, wie es in Ihnen aussieht. Nehmen Sie sich Zeit, um zu klären, was Sie emotional berührt und was davon Sie in der Kommunikation ansprechen möchten.

In der Regel schrecken Teilnehmer und Coachees davor zurück, ihre eigenen Gefühle so klar zu benennen. Sie haben gelernt, dass Objektivität und Neutralität von Ihnen erwartet werden. Daher versuchen sie, ihre Gefühle in der Kommunikation außen vor zu lassen. Die Wirkung ist doppelt schwierig. Zum einen sind die Gefühle ohnehin da und lassen sich nicht vollständig ausklammern. Das Gegenüber spürt Ihren Ärger, Ihre Enttäuschung, Ihre Traurigkeit. Durch nonverbale Signale tragen Menschen in feinen Nuancen nach außen, was in ihrem Inneren vorgeht. Ihr Blick verändert sich, der Blickkontakt geht verloren, ihre Stimme wird höher, ihre Mimik erstarrt. Sie drücken über ihren Körper aus, was in ihnen passiert. Wenn dies so ist und wir nicht den Mut haben, unsere Gefühle zu zeigen, kommt beim Gegenüber eine doppelbödige Botschaft an. Der Körper drückt Ärger oder Enttäuschung aus, die inhaltliche Botschaft wird hingegen scheinbar neutral formuliert. Dadurch können beim Gegenüber Misstrauen und Distanz entstehen.

Aber auch für unser eigenes Befinden kann es wichtig sein, die eigenen Gefühle klar anzusprechen. Wie viel Kraft kostet es uns täglich, Ärger, Enttäuschung oder Traurigkeit zu unterdrücken? Oft baut sich in unserem Inneren eine Halde von nicht ausgesprochenen Gefühlen auf, die uns belastet. Immer wieder bin ich berührt, wie viel Erleichterung Menschen verspüren, wenn sie ihre Gefühle offen zeigen. Sie wirken entspannter, wenn es Ihnen gelungen ist, das Visier zu öffnen und sich als Mensch mit Gefühlen zu zeigen.

Doch nicht nur bei Gefühlen wie Ärger, Verletzung, Unsicherheit und anderen, die wir als negativ bezeichnen, fällt es uns schwer, unser Visier zu öffnen. Auch jemandem zu zeigen, wie sehr wir ihn oder sie schätzen und mögen, fällt uns manchmal schwer. Am Ende meiner Seminare gebe ich den Teilnehmern die Möglichkeit, sich ausschließlich positives und sehr persönliches Feedback zu geben. Die Aufgabe ist es, konkret mit Beispielen auszudrücken, was sie am anderen schätzen und welche Gefühle diese Stärken des anderen in ihnen auslösen. Die Übung startet anfangs oft in einer

Atmosphäre der leichten Peinlichkeit. Wir sind es nicht gewohnt, uns sehr persönlich zu sagen, was wir am anderen schätzen. Und wir sind es auch nicht gewohnt, diese positive Rückmeldung zu bekommen und anzunehmen. Hier entsteht ein Gap der Peinlichkeit. Überwinden die Teilnehmer das Gap, gehen sie gestärkt und berührt aus der Übung.

Oft höre ich den Einwand, dass Gefühle in der Kultur des Unternehmens nicht gezeigt werden. Dass man sich blamieren und angreifbar machen könnte, wenn man ehrlich zeigt, wie es in einem aussieht. Ganz falsch ist dieser Einwand nicht. Nicht in jeder Situation, nicht bei jeder Person ist es hilfreich, seine gesamte Verletzlichkeit zur Schau zu stellen. Gefühle wie sich zurückgewiesen fühlen, verletzt, traurig oder unsicher sein liegen tief und geben einen sehr Einblick in den inneren Zustand eines Menschen.

Manchmal ist es sinnvoll und klug, eher die darüber liegenden Gefühle, die in der Literatur auch als Sekundärgefühle bezeichnet werden, nach außen zu tragen. Als Sekundärgefühle werden in der psychologischen Literatur Gefühle bezeichnet, die erst infolge eines Ursprungsgefühls entstehen. Man geht beispielsweise davon aus, dass unter Gefühlen, die mit Aggression und Abwehr verbunden sind, Gefühle der Verletztheit und Verunsicherung liegen. Wut, Ärger und Irritation auszudrücken, kann in manchen Kontexten angemessener und sicherer sein, als direkt die darunterliegende Verletztheit zu zeigen. Im Abschnitt *Systemcheck* nehmen wir diesen Aspekt wieder auf, sodass Sie gut vorbereitet und bewusst entscheiden, welche Ihrer Gefühle Sie in welcher Situation zeigen möchten. Sie können lernen zu sortieren und zu entscheiden, was für Sie stimmig und angemessen ist. Aber meine Botschaft ist sehr klar: Lernen Sie, von sich persönlich zu sprechen und Ihren Gefühlen Ausdruck zu verleihen. Dann werden Sie als Mensch spürbar und schaffen Vertrauen. Damit legen Sie die Basis dafür, Mut und Wirksamkeit zu verbinden.

Konkret

Für uns ist meist sonnenklar, warum wir verärgert, enttäuscht oder auch begeistert sind. Automatisch nehmen wir daher an, dass der andere genau weiß, worüber wir reden. Dass ihm sofort die neuralgischen Situationen in Erinnerung kommen, die uns beschäftigen. Dies ist ein Fehlschluss, der uns oft ins kommunikative Aus führt. Der andere ist eben nicht vorbereitet, er oder sie hat nicht seit Tagen oder Wochen über diese Thematik nachgedacht. Oft ist der andere mit ganz anderen Themen beschäftigt. Seine Wahrnehmung der Realität kann zu unserer Wahrnehmung komplett unterschiedlich sein. Die Konstruktivisten behaupten, jeder konstruiert sich seine Welt selbst. Realität als solche gibt es gar nicht. Soweit würden wir nicht gehen, aber die Realitäten können deutlich voneinander abweichen. Encourage-Kommunikation bedeutet, den anderen in meine Realität einzuladen, ihm einen Eindruck von dem zu vermitteln, was ich wahrnehme und was ich fühle. Neben dem klaren Ausdruck von Gefühlen braucht es daher sehr konkrete Beispiele, anhand derer mein Gegenüber ein Bild davon bekommt, was genau ich meine. Diese konkreten Punkte dienen nicht zur Verteidigung, sondern ausschließlich einer guten inneren Vorbereitung, anhand derer klar wird, an welchen Punkten ich reagiere, was meine Trigger-Punkte sind. Folgende Beispiele verdeutlichen, wie konkret wir werden müssen, um den anderen in unsere Realität einzuladen.

- »In Ihren letzten Berichten sind wiederholt Fehler aufgetreten, zum Beispiel … Zudem haben Sie Ihre Berichte die letzten Male mit einer Verspätung von zwei Tagen und oft erst nach Aufforderung abgeliefert.«
- »Ich habe seit April 2015 zusätzlich zu meinen Aufgaben folgende Tätigkeiten übernommen: Einarbeitung eines neuen Kollegen, die Kommunikation zur Pressestelle, das Kundenprojekt der Firma …«
- »Im Projekt habe ich die gesamte Analyse und Aufbereitung der Daten alleine gemacht.«
- »Du warst in den letzten zwei Monaten nur an sechs Abenden und zwei Wochenenden zu Hause.«

Nicht immer ist es sinnvoll, diese konkreten Beobachtungen an den An-fang zu stellen. Oft reicht es zunächst, das Thema und die emotionale Betroffenheit anzusprechen. Aber in der zweiten Phase, in der es um das konkrete Verstehen geht, helfen Ihnen die Beispiele, sich nicht in all-gemeinen Vorwürfen zu verlieren. In der Regel braucht es einige Zeit, bis Sie die konkreten Beobachtungen in Ihren Erinnerungen gefunden haben, die Ihnen bei der Vermittlung Ihrer eigenen persönlichen Realität helfen. Nehmen Sie sich daher Zeit, diese Punkte in aller Ruhe vorzubereiten.

Pausen aushalten

Wenn wir das Gap überwinden und uns entscheiden, mutig zu sein, ist dies häufig mit dem Wunsch verbunden, alles auf den Tisch zu legen. Es gibt in der Encourage-Kommunikation kein größeres Hemmnis, als das Zuviel und zu Schnell. Wir überfordern unser Gegenüber, wenn wir ihm oder ihr aus unserem inneren emotionalen Druck heraus unendlich viel erklären, kein Ende finden und schnell sprechen, um in kurzer Zeit so viel wie möglich los zu werden. Weniger ist hier mehr. Pausen zu machen, auszuhalten und Stille zuzulassen, ist ein zentrales Erfolgselement der Kommunikation. Und es ist das Element, das am schwierigsten umzusetzen ist. Gehen Sie davon aus, dass Sie zu den 99 Prozent der Bevölkerung gehören, die, wenn es hei-kel wird, versuchen, die Unsicherheit mit einem Zuviel an Kommunikation zu überwinden. Gehen Sie auch davon aus, dass es in Ihrer Kommunikation immer noch ein wenig kürzer geht, als Sie vermuten. Und gehen Sie davon aus, dass der Moment, in dem Sie innehalten und damit Stille zulassen, für Sie unangenehm sein wird.

In unseren Seminaren üben wir die Kommunikation in kleinen Gruppen. Wir laden die Teilnehmer ein, eine Situation nachzuspielen, in der sie das Gap überwinden und ins emotionale Neuland vordringen wollen. Dem Chef Grenzen aufzeigen, dem Kollegen sagen, dass man sich über sein Verhalten ärgert, einige Freunde über ein neues Projekt informieren, dem Partner zeigen, dass man ihn liebt. Wir laden die Teilnehmer ein, dabei sehr per-sönlich zu sprechen, ihre Gefühle auszudrücken und möglichst wenig zu sagen. Oft drehen die Teilnehmer gemeinsam mit den Kollegen, die das Gegenüber spielen, zwei bis drei Runden, bis die Botschaft sitzt. Nahezu immer liegt der Qualitätszuwachs von Runde zu Runde nicht in einem Mehr an Argumenten, sondern in einem Weniger. Die Stille, die entsteht, wenn ich meine Grundbotschaft übermittelt habe, ist die wichtigste Grundlage, damit mein Gegenüber betroffen ist und ins Nachdenken kommt. Ohne Stille sind Nachdenken und emotionales Verstehen nicht möglich. Ohne Stille können keine Einsicht und damit auch keine Lösungen entstehen. Und doch können wir Stille nur schwer aushalten. Es entsteht eine Spannung, die sich im Körper bemerkbar macht. Der Bauch kribbelt, die Hände zittern, ein innerer Druck zu sprechen baut sich auf. Lernen Sie, diesem Druck zu widerstehen. Vertrauen Sie darauf, dass weniger mehr ist und Sie nicht sofort alles bis ins Detail erklären müssen.

Als Mutter von drei Kindern kann ich die Kraft von kurzen Botschaften täglich erfahren. Wenn ich meinen Kindern langatmig erkläre, warum Ordnung wichtig ist, kann ich dabei zusehen, wie ich sie emotional verliere und sie nur noch körperlich anwesend sind. Ein einfacher Satz wie: »Ich möchte, dass du dein Zimmer aufräumst« ohne Erklärung und ohne Drohung zeigt viel mehr Wirkung, wenn ich die Stille danach nutze und im Blickkontakt bleibe. Kinder sind wunderbare Trainer einer klaren und kurzen Kommunikation. Auch von ihnen habe ich gelernt, mich kurzzufassen, persönlich zu sprechen und die Stille auszuhalten, die den Weg zu Veränderung möglich macht.

Umsetzung in die Praxis

Bereiten Sie Ihre Kommunikation mit folgenden Fragen schriftlich vor:
- Um was geht es im Kern? Ein Stichwort reicht.
- Welche Gefühle sind bei mir damit verbunden?
- Welche konkreten Beispiele kann ich anführen? (Ein bis zwei Beispiele reichen)

Üben Sie Ihre Botschaft mehrfach. Konzentrieren Sie sich auf einen zentralen Satz und üben Sie dann, Stille auszuhalten.

Sprechen Sie den zentralen Satz solange laut vor dem Spiegel, bis Sie sich sicher und überzeugend fühlen.

7.2 Exkurs: Autonomie in der Beziehung

Nehmen wir an, Sie haben mutig, aufrecht und klar die Kommunikation begonnen. Sie haben schnell und ohne Umschweife angesprochen, um was es Ihnen geht und wie Sie persönlich von diesem Thema betroffen sind. Wie begegnen Sie nun dem Gegenüber? Wie sehr lassen Sie sich auf sie oder ihn ein? Wie sehr glauben Sie, eine schützende Mauer zwischen sich und dem anderen aufbauen zu müssen? Ganz häufig stoße ich an dieser Stelle im Coaching und Training auf ein eklatantes Missverständnis. Sätze wie »Ist mir doch egal, was der denkt!« oder »Die hat mir gar nichts zu sagen!« haben für mein Verständnis nur wenig mit aufrechtem, klugen Mut zu tun. All diese Sätze und ihre emotionale Energie kommen aus einer Überabgrenzung, die weit von Souveränität und echter Autonomie entfernt ist.

An dieser Stelle möchte ich den Autonomiebegriff aufnehmen, der für das Encourage-Konzept von großer Bedeutung ist. Robert Langlotz, ein Psychiater aus München, hat sich eingehend mit dem Begriff Autonomie auseinandergesetzt und die psychotherapeutische Methode der Autonomiearbeit entwickelt. Der Grundgedanke ist simpel und hilft uns, ein klares Bild für die Encourage-Beziehung zu entwickeln. Jeder Mensch braucht nach Langlotz seinen persönlichen Autonomieraum an innerer und äußerer Freiheit. Sie können sich den Raum als einen Kreis vorstellen, der jedes Individuum umgibt. Wenn Menschen zu sehr mit anderen Menschen verschmolzen sind, verschmelzen auch die beiden Kreise und es gibt keinen eigenen Raum mehr. Man definiert sich dann über den anderen. Man kann es nicht ertragen, wenn es dem anderen schlecht geht. Man fühlt sich für dessen Leben verantwortlich. Mutiges Für-sich-selbst-Einstehen, klares Grenzen-Setzen, die eigenen Gefühle und die des anderen getrennt voneinander wahrzunehmen, ist bei diesen Verschmelzungen nicht mehr möglich.

Robert Langlotz arbeitet bei seiner Autonomiearbeit mit Eltern und Kindern sowie mit Schülern und Lehrern (Langlotz 2015). Auch ich arbeite im Coaching mit diesem Ansatz und helfe Klienten dabei, den eigenen Raum wiederzuentdecken. Oft begegnet mir dabei das Phänomen der Überabgrenzung. Statt ruhig und klar den eigenen Raum zu verteidigen und den Raum der anderen ebenfalls zu respektieren, verfallen die Klienten in eine starke abwertende und manchmal auch trotzige Reaktion. Die Energie wird nicht zur Wahrung des eigenen Autonomieraums genutzt, sondern zur Abwertung des Gegenübers. Das ist nach meinem Verständnis keine Autonomie. Was wir alle lernen können, ist, unseren eigenen Autonomieraum zu bewahren und zu verteidigen und dem Raum des Gegenübers ebenfalls mit Respekt zu begegnen. Auch wenn wir inhaltlich unterschiedlicher Meinung sind, bleibe ich offen und versuche zu verstehen, wie die Realität des anderen sich gestaltet. Ich schaffe es, durch meine persönliche und konkrete Kommunikation, den anderen in meine Realität einzuladen, aber ich bin ebenfalls sowohl in der Lage wie auch neugierig und offen dafür, seine Realität kennenzulernen. Zu dieser Art von Begegnung gehört ein Vielfaches mehr an Mut als zu abwertender Überabgrenzung. Ich riskiere durch diese Art der Offenheit und Neugierde, Neues zu erfahren. Diese Form der Neugierde ist nicht mit dem Grundmuster der Anpassung zu verwechseln. Dass ich offen und interessiert versuche, zu verstehen, wo der andere steht, bedeutet in keinster Weise, dass ich meine Interessen, Wünsche und Bedürfnisse sofort automatisch anpasse und über Bord werfe. Aus einem Gefühl der inneren Stärke und Souveränität bin ich in der Lage, dem anderen gegenüber respektvoll und neugierig zu begegnen und dann klar zu entscheiden, wofür ich mich einsetzen und abgrenzen möchte.

7.3 Tipps für den Umgang mit dem Gegenüber

Sie haben all das, was Ihnen wichtig ist, zum Ausdruck gebracht. Erwarten Sie nun nicht, dass der andere sofort einlenkt und sich Ihrer Wirklichkeit anpasst. Sehr häufig braucht es einige Zeit des Verdauens, um einen guten, gemeinsamen Weg zu finden. Seien Sie stolz und zufrieden, dass Sie den Weg zu mehr Mut eingeschlagen haben. Geben Sie der Entwicklung von Veränderungen beim anderen Zeit.

Bleiben Sie offen und neugierig. Versuchen Sie, ohne Bewertungen seine Sicht der Realität zu verstehen. Vielleicht hilft Ihnen die Vorstellung, ein Forscher zu sein. Das Gegenüber ist das neue, unbekannte Terrain, das es zu ergründen gilt. Menschen spüren, ob wir wirklich bei Ihnen sind oder schon wieder innerlich eine Gegenargumentation vorbereiten. Versuchen Sie all das, was Ihnen wichtig scheint, für den Moment des Zuhörens beiseitezustellen. Vertrauen Sie darauf, dass Sie Ihre Möglichkeit zum Selbstausdruck in einer späteren Phase in aller Klarheit nutzen werden. Sie können lernen, inhaltlich komplett anderer Meinung zu sein, aber emotional zu akzeptieren, wo der andere steht.

Im Fokus unseres Konzeptes steht nicht das Recht-Haben, sondern die gemeinsame Suche nach Lösungen und Kompromissen. In der Regel entsteht ein gemeinsamer Lösungsraum, wenn es gelungen ist, die eigenen Bedürfnisse sehr klar anzusprechen, und wenn das Gegenüber gleichzeitig den Eindruck hat, Raum zu bekommen. Sehr oft ist das nicht im ersten Gespräch und der ersten Auseinandersetzung möglich. Manchmal ist es hilfreich und eine Form der Wertschätzung, dem anderen zunächst Raum zum Verdauen zu lassen und zu einem späteren Zeitpunkt das Gespräch wieder aufzunehmen.

Raum geben – zuhören

Jürgen, ein erfolgreicher Manager im mittleren Management eines großen Konzerns, rief mich an, weil sein Team aus seiner Sicht viel zu wenig eigenverantwortlich arbeitete. Frustriert beschrieb er, dass immer er die wichtigen Veränderungen anstoßen müsse. Ohne permanente Kontrolle und Ermahnung würde keiner seiner Mitarbeiter wirklich an der Umsetzung der vereinbarten Maßnahmen arbeiten. Eine Teamentwicklung sollte aus seiner Sicht Abhilfe schaffen. »Wir müssen es einfach hinbekommen, Frau Thum, dass die Mitarbeiter aufwachen, dass sie anfangen, selbst mitzudenken.« Schon nach wenigen Sätzen war mir klar, dass eine Teamentwicklung zu diesem Zeitpunkt wahrscheinlich kontraproduktiv wäre. Ich gab Jürgen das Feedback, dass das Verhalten seiner Mitarbeiter mit hoher Wahrscheinlichkeit ein Ergebnis seiner Art zu führen war und wir zunächst im Einzel-Coaching verstehen mussten, was sein Anteil an dieser Dynamik war.

Die Antwort gefiel Jürgen nicht. Das war deutlich spürbar. Aber nach anfänglichem Zögern ließ er sich auf den Coaching-Prozess ein. In den folgenden Coaching-Sitzungen wurden zwei Phänomene sehr deutlich: Jürgen hatte bisher sehr unpersönlich geführt. Seine eigenen Gefühle, seine Enttäuschung und der Druck, unter dem er stand, hatte er so gut wie möglich ausgeklammert und rein auf der Sachebene argumentiert. Er war erstaunt, als er nach den ersten Einzelgesprächen, in denen er den persönlichen Selbstausdruck gewagt hatte, einen anderen, ernsthafteren Zugang zu seinen Mitarbeitern erreichte. Das zweite Phänomen, die Nichteinbeziehung seiner Mitarbeiter, war schwerer für ihn zu verändern. Ich hatte Jürgen im Rahmen eines Schattencoachings bei einer Teamsitzung beobachtet. (Schattencoaching: der Coach begleitet seinen Klienten durch den Arbeitsalltag, er erlebt ihn in Gruppen- und Einzelsituationen und kann sich so ein persönliches Bild von den Stärken und Limitierungen seines Klienten machen.) Er trat klar und bestimmt auf, wusste seine Botschaften und Ziele sehr transparent zu machen und hatte im Detail vorbereitet, wie die Ziele zu erreichen waren. Die Teamsitzung hatte die Qualität einer One-Man-Show. Die Hauptredeanteile lagen bei Jürgen. Er war sichtlich unter Druck, seine Leute zu erreichen. Immer eindringlicher formulierte er Appelle, gemischt mit Drohungen. In der Nachbesprechung versuchte ich, Jürgen die Wechselwirkung deutlich zu machen, die ich beobachtet hatte. Er übernahm Verantwortung, gab den Weg und das Ziel vor, wie es für eine Führungskraft aus seiner Sicht angemessen war. Aber er öffnete sich nicht der Sichtweise seines Teams. Die Mitarbeiter lauschten ohne Energie und fühlten sich nicht einbezogen. Ich schlug Jürgen vor, bei der nächsten Teamsitzung nur ein Ziel zu formulieren und dann jedem Mitarbeiter die Möglichkeit zu geben, zu sagen, wie es ihm oder ihr mit diesem Ziel ging. Schon im Coaching-Raum konnte ich Jürgen ansehen, wie viel Unbehagen ihm diese Vorstellung bereitete. Ich fragte ihn, was er befürchtete. »Ich weiß doch nicht, was die antworten. Am Ende läuft mir alles aus dem Ruder.« Da war das Gap: Aus Angst, kritisches Feedback zu bekommen, hielt Jürgen die Tür zu seinen Mitarbeitern verschlossen.

In einem stufenweisen Prozess lernte Jürgen erstens, sich auf die wichtigen Ziele zu konzentrieren, und zweitens, sich den Sichtweisen des Teams zu öffnen. Er lernte, die aufkommende Unsicherheit auszuhalten. Der Prozess war nicht innerhalb einer Besprechung abgeschlossen. Auch die Mitarbeiter mussten erst lernen, mit der neuen Offenheit und dem Raum für Eigenverantwortung umzugehen. Jürgen und sein Team bauten wechselseitig Vertrauen auf. Am Ende des Prozesses war ein deutlich motivierteres und zufriedeneres Team entstanden.

Vor der Situation: Relativieren Sie Ihre Erwartungen, bevor Sie in eine Mut-Situation gehen. Erst einmal geht es darum, für die eigenen Wünsche und Bedürfnisse einzustehen. Erwarten Sie keine sofortige positive Reaktion des Gegenübers. Stellen Sie sich darauf ein, dass das Gegenüber Zeit und Raum braucht, zu verdauen.

In der Situation: Wenn Sie spüren, dass der andere Ihnen gerne seine Sichtweise der Dinge erklären will, nehmen Sie die Einladung an. Erforschen Sie die Realität des anderen neugierig und offen. Sie haben nichts zu verlieren. Sie können immer wieder zu Ihrem eigenen Selbstausdruck zurückkehren. Aber wenn Sie zuhören, hören Sie wirklich zu.

Nach der Situation: Geben Sie Lösungen Zeit, sich zu entfalten. Machen Sie keinen unnötigen Druck. Arbeiten Sie nicht mit Erpressung. Geben Sie Raum und Zeit. Haken Sie dann nach einiger Zeit sehr konsequent nach.

Zusammengefasst lässt sich sagen:

Wirksame Kommunikation ...

- kommt schnell auf den Punkt,
- ist persönlich,
- ist konkret,
- hält Pausen aus,
- bleibt offen und neugierig für die Perspektive des Gegenübers.

Kapitel 8:
Der Systemcheck – Verstehen und Gestalten des Umfeldes

»Wer wird die Klugheit tadeln? Jeder Schritt des Lebens zeigt, wie sehr sie nötig sei; doch schöner ist's, wenn uns die Seele sagt, wo wir der feinen Vorsicht nicht bedürfen.«

Johann Wolfgang von Goethe (1749 – 1832), deutscher Dichter

Egal wie aufrecht, klar und voller Respekt wir handeln, fast immer spielt für den Erfolg auch die systemische Komponente eine Rolle. Was ist damit gemeint? Wir leben in komplexen privaten und beruflichen Systemen. Dort nehmen wir unterschiedliche Rollen ein, an die unterschiedliche Erwartungen geknüpft sind. Es macht einen Unterschied, ob ich als Mutter meinem Kind Grenzen aufzeige oder als Mitarbeiter meinem Chef. Es macht einen Unterschied, ob ich meine Sehnsüchte oder Verletzlichkeiten einem guten alten Freund anvertraue oder einem Kollegen, den ich kaum kenne. Es macht einen Unterschied, ob ich mein kritisches Feedback in einem Nebensatz beim Geburtstagskaffee verpacke oder mir dafür Raum und Zeit nehme. Ich lade Sie ein, mutig und klar für sich einzustehen, aber nicht übermütig und naiv ins eigene Verderben zu rennen. Ich gebe Ihnen daher einige wenige Prüfpunkte mit, die Sie in der Vorbereitung für ein besseres Gelingen Ihrer Mut-Situationen nutzen können.

Überprüfen Sie bevor Sie handeln, ob die Berücksichtigung dieser Punkte in Ihrer Situation von Nutzen sein könnte. Je ruhiger und achtsamer Sie im Vorfeld ihre Situation erfassen, umso mehr erhöhen Sie die Wahrscheinlichkeit, auch tatsächlich wirksam zu werden. Daher ist dieser letzte Abschnitt beim Brückenbau ins Neuland wichtig. Welche Komponenten spielen bei der systemischen Betrachtung eine Rolle?

8.1 Vom Ergebnis her denken

Wenn mutiges Handeln zu sehr von strategischen Überlegungen überlagert wird, geht im komplexen Wirrwarr von Wenn-dann-Überlegungen oft der Mut, zu handeln, verloren. Alles von allen Seiten zu beleuchten, jeden möglichen Effekt des mutigen Handelns abzuschätzen, kann schon ein Teil der Vermeidung des Gaps sein. Trotzdem macht es mitunter Sinn, mit einem weitergestellten strategischen Blick auf die Mut-Situation zu blicken. Denken Sie vom Ergebnis her. Was will ich am Ende mit meinem Handeln bewirken oder erreichen? Woran werde ich erkennen, dass ich mich für mein inneres Wofür klar und mit aller Kraft eingesetzt habe? Woran werde ich erkennen, dass ich meinen Beitrag geleistet habe, um wirksam zu sein?

Sie haben nicht den vollständigen Einfluss darauf, ob Ihr mutiges Handeln in einem Erfolg mündet. Andere Faktoren haben ebenfalls entscheidenden Einfluss: das Umfeld, die betroffenen Personen, strategische oder politische Überlegungen. Nicht immer wird das, wofür Sie sich einsetzen, Realität werden. Mutiges Handeln steht in engem Zusammenhang mit dem Wort »Demut«. Sie checken, welche Kriterien Sie erfüllen wollen, um möglichst klar und überzeugend aufzutreten und Ihr inneres Wofür zu sichern. Das Umfeld wird Ihnen unterschiedliche Ergebnisse liefern, aus denen Sie wichtige Erfahrungen für die nächste Mut-Situation gewinnen können.

8.2 Rolle und Rollenpartner

Ihre Rolle definiert sich als die Summe aller Erwartungen von innen und außen. Nehmen wir mich in meiner Mutterrolle. Sie definiert sich als die Summe aller Erwartungen von außen – wie zum Beispiel Fürsorge, Unterstützung, Erziehung, Wertvermittlung – und genauso auch die Erwartungen, die ich von innen an mich selbst als Mutter richte. Oft fallen die Rollenvorstellungen über eine gute Mutter innerhalb einer Gesellschaft deutlich auseinander. Schnell können Sie sich im Dickicht und der Unterschiedlichkeit verschiedener Rollenerwartungen verlaufen und Ihre innere Klarheit verlieren. Encourage bedeutet, nicht alle Erwartungen zu erfüllen, sondern sehr klar zu entscheiden, welche Erwartungen Sie erfüllen wollen und welche nicht.

Mir ist es wichtig, Sie bei Ihrem mutigen Handeln auf einige Rollenkonstellationen vorzubereiten, die Besonderheiten aufweisen. Es sind Konstellationen, von denen ich aus Erfahrung weiß, dass allein durch die Rollen und die mit ihnen verbundenen Erwartungen der Handlungsspielraum begrenzt ist. In diesem Abschnitt beziehe ich mich bewusst auf berufliche Rollenkonstellationen, weil dort strategisches Handeln in deutlich größerem Ausmaß benötigt wird als in privaten Kontexten.

Konstellation Mitarbeiter – Chef

Mir ist es ein Anliegen, starre Hierarchiemauern zu durchbrechen. Ich bin davon überzeugt, dass sich Menschen in Organisationen nur zufrieden und leistungsstark bewegen können, wenn sie die Möglichkeit haben, ihre Ansichten und Wünsche gegenüber ihren Chefs zu vertreten. Im Kapitel zu Unternehmen mache ich den Blick auf eine neue Managementwelt ohne Machthierarchien auf. Die Realität in der großen Mehrheit der Organisationen heute sind jedoch Chef-Mitarbeiter-Beziehungen und diese Realität ist anzuerkennen. Sehr viel von dem, was ich über Kommunikation, Körper und Beziehungsgestaltung vermittelt habe, wird Ihnen helfen, Ihren Chef zu überzeugen oder zumindest zum Nachdenken zu bringen.

Trotzdem bleibt systemisch eine Wirklichkeit, die Sie niemals übersehen sollten: Ihr Chef bleibt Ihr Chef. Er oder sie entscheidet in letzter Konsequenz. Er oder sie hat maßgeblichen Anteil daran, ob Sie vorankommen oder nicht. Wenn Sie also Ihrem Chef mutig begegnen, machen Sie sich bewusst: In diesem System ist es sinnvoll und verantwortlich, meine eigene Sichtweise in klaren Worten deutlich zu machen, aber die Entscheidung liegt beim Chef. In dem Augenblick, in dem Sie Ihre Stelle angenommen haben, haben Sie sich für diese Realität entschieden. Wiederholt mache ich im Coaching die Erfahrung, dass die klare Akzeptanz des Satzes »Ich erkenne an, dass mein Chef mein Chef ist« zwar oft schwerfällt, aber auch erleichternden Charakter hat.

Konstellation Kollege – Kollege

In einem leistungsstarken Team begegnen sich Kollegen auf Augenhöhe. Konflikte werden nicht hinter dem Rücken des anderen, sondern direkt geklärt. Neue Ideen können offen angesprochen werden. Wenn Sie sich an

Ihren Kollegen wenden, haben Sie keine disziplinarische Keule, mit der Sie ihm oder ihr drohen. Sie haben nur ihre ehrliche, persönliche Kommunikation und den Willen, eine gute gemeinsame Lösung zu finden.

Der faule Kollege

Ein schönes Beispiel lieferte mir ein Teilnehmer. Im Rahmen eines Trainings war ihm bewusst geworden, dass er sich seit längerer Zeit über einen Kollegen ärgerte. Auf der persönlichen Ebene kamen die beiden gut klar, aber der Kollege war einfach stinkfaul und drückte sich erfolgreich vor allen möglichen Aufgaben. Eigentlich wäre dieser mangelnde Einsatz des Kollegen Chefsache gewesen, aber der Chef war mit anderen Themen beschäftigt oder einfach zu schwach. Der Teilnehmer entschied, dem Kollegen seinen Ärger mitzuteilen. Er hatte nach eigenen Aussagen keine Erwartung, dass sich etwas änderte. Er hatte auch keine Handhabe. So ging er zu seinem Kollegen und sagte diesem, dass er sich seit längerer Zeit über dessen mangelndes Engagement ärgere. Er brachte einige konkrete Beispiele und konstatierte, dass er keine disziplinarische Macht hätte, aber dass er aufrichtig sein wolle. Der Kollege reagierte betroffen und änderte in der Folge tatsächlich sein Verhalten. Der Teilnehmer schloss seinen Bericht mit dem schönen Satz ab: »Aber selbst wenn sich gar nichts geändert hätte, mir wäre es auf jeden Fall besser gegangen. Schon allein dafür hätte es sich gelohnt, ihm klar zu sagen, dass ich mich ärgere.«

Konstellation Chef – Mitarbeiter

Immer wieder erleben wir in unseren Trainings Führungskräfte, die zu viel Verantwortung für ihre Mitarbeiter übernehmen. Sie machen sich viele Gedanken über die Motivationen und Ursachen für das Verhalten eines Mitarbeiters, anstatt einfach den Weg des klaren Feedbacks zu suchen. Oft haben Führungskräfte die Vorstellung, ein klares kritisches Feedback zu geben sei nur möglich, wenn man selbst schon die Lösung für die Problematik mit in das Gespräch bringe. Sie machen sich viele Gedanken darüber, was man wie ändern könnte, und nehmen damit ihren Mitarbeitern die Möglichkeit zur Entwicklung eigener Lösungen. Lernen Sie, die Verantwortung für die Lösungsfindung beim Mitarbeiter zu lassen. Sie machen einen sehr guten Führungsjob, wenn Sie klar und persönlich Feedback geben, im Guten wie im Kritischen. Den Weg für die Lösung zu finden, ist in erster Linie die Verantwortung des Mitarbeiters.

8.3 Der richtige Zeitpunkt

Den richtigen Zeitpunkt für eine Mut-Situation zu finden, ist oft nicht ganz leicht. Warten Sie zu lange, geht Ihre Energie und emotionale Betroffenheit verloren. Handeln Sie zu schnell, überfordern Sie sich und das Gegenüber. Ich empfehle Ihnen, sich immer Zeit für die Vorbereitung der Situation zu nehmen. Sich klar zu werden, was Sie stört oder was Sie einbringen möchten. Ein kurzes Innehalten bevor Sie handeln ist auf jeden Fall empfehlenswert. Wenn Sie Ihr Gegenüber nicht überfordern wollen, versetzen Sie sich in seine Lage. Wie gestresst ist er oder sie gerade? Wie offen kann er oder sie in der augenblicklichen Situation sein? Sehr oft macht es Sinn, den anderen zu fragen, ob und wann er zu einem Gespräch bereit ist. Sagen Sie schon bei dieser Gesprächsankündigung, um welches Thema es sich handelt, und kündigen Sie im beruflichen Kontext an, wie viel Zeit Sie in etwa brauchen.

Der falsche Zeitpunkt

Einer unserer Teilnehmer berichtete, dass er im beruflichen Kontext seine Emotionen gut regulieren könne. Er schaffe es auch in sehr druckreichen Situationen, respektvoll zu bleiben. Ganz anders zu Hause. Häufig verlöre er gegenüber seiner Frau die Beherrschung, würde ungeduldig und verfiele in einen ironischen Tonfall, was ihm im Nachhinein leidtäte. Gemeinsam eruierten wir die Situationen, in denen er so respektlos und verletzend reagierte. Ihm wurde deutlich, dass es insbesondere in Situationen war, in denen er nach einer harten, arbeitsreichen Woche einfach mal seine Ruhe haben wollte. Wenn dann noch eine Anforderung oder eine Kritik von seiner Frau kam, brachte dies das Fass zum Überlaufen. Für den Teilnehmer war es ein wichti-

ger Schritt, genau diesen Aspekt seiner Frau zurückzumelden und gemeinsam mit ihr einen guten Zeitpunkt für die zu besprechenden Themen zu finden.

8.4 Der Rahmen

Unterschätzen Sie nicht den Rahmen, den Sie sich für Ihre Encourage-Situation aussuchen. Es macht einen Unterschied, ob Sie im Vorbeigehen jemandem kurz etwas zuwerfen oder ob Sie sich an einen ruhigen und ungestörten Ort begeben, bevor Sie das Gespräch beginnen. Sie zeigen mit dem Ort, an dem das Gespräch stattfindet, wie wichtig ein Thema für Sie ist. Wahrscheinlich ist das Schlafzimmer kurz vor dem Zubettgehen nicht der geeignete Rahmen, um ein Beziehungsproblem anzusprechen. Prüfen Sie, welcher Ort und Rahmen für Sie passt. Manchmal tendieren wir dazu, dem Rahmen etwas Beiläufiges zu geben, um die Sache schnell hinter uns zu bringen. Manchmal beginnt die Vermeidung des Gaps schon bei der Auswahl des Ortes. Ernsthafte Kritikgespräche zwischen Führungskraft und Mitarbeiter sollten beispielsweise auch einen ernsthaften Rahmen haben. Es macht einen relevanten Unterschied, ob Sie ein Gespräch mit den Worten ankündigen: »Es ist mir ernst und ich brauche zwanzig Minuten Ihrer ungestörten Aufmerksamkeit« oder ob Sie nur beiläufig erwähnen, dass es da noch ein Thema gäbe, über das es sich zu reden lohne.

Neben dem Ort, den Sie aussuchen, macht es in den meisten Fällen auch einen Unterschied, ob andere Personen dabei sind oder nicht. Gehen Sie einfach von sich selbst aus. Stellen Sie sich vor, Ihr Freund, Ihr Mitarbeiter oder Ihr Chef kommt auf Sie zu, um etwas Kritisches anzusprechen oder Ihnen ein Projekt vorzustellen. Es macht emotional einen erheblichen Unterschied, ob Dritte unsere Reaktionen mitbekommen oder nicht. In vielen Situationen macht es Sinn, diese unter vier Augen anzugehen. Das Gegenüber fühlt sich einfach viel schneller bloßgestellt und in die Enge getrieben, wenn Dritte dabei sind. Manchmal braucht es mehr Mut, jemandem alleine zu begegnen als vor Publikum. Als seit zwanzig Jahren verheiratete Ehefrau muss ich mich da gelegentlich an die eigene Nase fassen. Manchmal spreche ich heikle und kritische Punkte, bei denen ich mich über meinen Mann geärgert habe, in Anwesenheit Dritter an – meist mit einer Prise Humor und Ironie. Wirklich etwas im positiven Sinne bewirken, gelingt mir dadurch nicht. Den klaren persönlichen Weg im Feedback zu suchen, kostet mich deutlich mehr Überwindung.

8.5 Das kulturelle Umfeld

Zu guter Letzt spielt das kulturelle Umfeld, in dem ich mich bewege, eine wichtige Rolle. Menschen und Umfelder unterscheiden sich in der Art, wie sie auf Ideen oder auf das Zeigen von Gefühlen reagieren.

Nehmen wir die Verabschiedung aus dem Grundmuster der Zurückhaltung. Das Gap entsteht in Situationen, in denen es darum geht, ein Projekt zu verwirklichen, eine Idee in die Welt zu tragen, oder sich einfach mit etwas zu zeigen, das einem am Herzen liegt. Im Neuland gibt es unterschiedliche Kulturen. Es gibt die ewigen Haar-in-der-Suppe-Sucher, die, egal welche Ideen Sie bringen, erst einmal den Haken finden werden, warum es nicht geht. Es gibt die Superrationalisten, die finden, das gäbe es doch schon alles, das sei doch nicht neu. Und es gibt Menschen, die sich begeistern können, die neue Ideen mit Freude aufnehmen und konstruktiv kritisch hinterfragen. Im ersten Kontakt mit dem Neuland empfehle ich Ihnen, mit der dritten Gruppe zu beginnen, und sehr gut auszuwählen, wem sie wann Ihr erstes kleines Pflänzchen zeigen. Wenn das Pflänzchen dann durch die Unterstützung und konstruktive Kritik von außen zu einer größeren, widerstandsfähigeren Pflanze gereift ist, kann es an der Zeit sein, den Kreis der Menschen, die Sie mit einbeziehen wollen, zu erweitern.

Auch wenn Sie persönliche Gefühle ansprechen, kann ein Systemcheck des Umfelds sinnvoll sein. Für manche Menschen sind Gefühle wie Schwäche, Unsicherheit und Verletzbarkeit nur schwer auszuhalten. Diese Menschen haben sich innerlich von verletzlichen und ängstlichen Gefühlen abgespalten und nehmen diese nicht mehr wahr. Umgekehrt fällt es Ihnen schwer, wenn andere solche Gefühle zeigen. Sie werten dann häufig rigoros ab und werfen dem Gegenüber Schwäche vor. In dieser Personengruppe, deren Sprechen und Handeln häufig mit dominantem Verhalten einhergeht, empfiehlt es sich eher nicht, verletzliche Gefühle zu zeigen. Aber wir wollen ganz klar festhalten: Auch in von Dominanz und Macht geprägten Kulturen kann es sehr wirksam und stimmig sein, sein eigenes Befinden anzusprechen und den Mut zu finden, seinen Ärger, seine Sorge oder seine Irritation klar anzusprechen. Oder auch seine Freude, seinen Stolz, seine Zufriedenheit. Lediglich Gefühle wie Traurigkeit, Verletztheit oder Angst haben in diesem kulturellen Umfeld nur wenig Chance auf positive Resonanz. Je mehr Erfahrungen sie mit diesen Situationen sammeln, desto sicherer werden Sie auch in der Einschätzung des Umfeldes werden.

Zahlen, Daten, Fakten

Seit ich mich mit dem Thema Mut beschäftige und insbesondere seit ich dieses Buch schreibe, reden wir in unserem Freundeskreis mehr und intensiver über Mut. Ein enger Freund meines Mannes hat mit mir in diesem Zusammenhang eine Erfahrung geteilt, die ich gerne zum Abschluss des Kapitels System-Check anbringen möchte.

Rainer, fünfundvierzig Jahre alt, arbeitet seit über fünfundzwanzig Jahren bei einem mittelständischen Unternehmen im bayerischen Raum. Das Unternehmen wurde vom Senior-Chef gegründet, der es über Jahrzehnte zum Erfolg geführt hat. Rainer ist ein sehr engagierter, begeisterungsfähiger Mensch, der gut zu seiner Meinung stehen kann und viel Überzeugungskraft besitzt. Er hat sich in den fünfundzwanzig Jahren vom Mitarbeiter zu einer Führungskraft hochgearbeitet, deren Team stetig wächst. In dem sehr patriarchalisch geführten Unternehmen hat er seinen eigenen Weg gefunden. Bei wichtigen Entscheidungen sagt er seine Meinung offen und ehrlich, fundiert sie mit notwendigen Fakten, kann aber gut damit leben, dass am

Ende »der alte Herr« wie er den Senior-Chef nennt, die Entscheidungen trifft – manchmal auch entgegen seiner Empfehlung.

Vor einigen Jahren stellte der alte Herr einen neuen Geschäftsführer ein. Einen äußerst eloquenten und visionären Mann, der sofort alle Blicke auf sich zog. Rainer war neugierig auf diesen neuen Chef und beeindruckt von dessen Charisma und Auftreten. Im Laufe der Zeit zeigte sich aber, dass der neue Geschäftsführer, nennen wir ihn Erich, in keiner Weise kalkulierbar war. Mehrfach führte er Rainer und dessen Team vor dem alten Herrn vor. Leugnete in kritischen Situationen, bestimmte Meinungen geäußert oder Entscheidungen getroffen zu haben, und schob den schwarzen Peter regelmäßig in Richtung Rainer und dessen Team. Zunächst waren sowohl Rainer, als auch seine Mitarbeiter konsterniert über so viel Opportunismus und Unaufrichtigkeit. Es dauerte einige Zeit, bis sie begriffen, dass sie es bei Erich mit einer ganz anderen Form von Management zu tun hatten, als dies bisher in dem Familienunternehmen der Fall gewesen war. Der alte Herr hielt große Stücke auf Erich und war begeistert von dessen visionärer und kraftvoller Art. Rainer und sein Team hingegen waren zunehmend frustriert und verärgert. Sie überlegten, welche Optionen ihnen zur Verfügung standen. Eine Möglichkeit war, das direkte Gespräch mit dem alten Herren zu suchen und ihm ihre Sichtweise über Erich zu vermitteln. Sie entschieden sich dagegen, weil sie nicht hinter dem Rücken von Erich handeln wollten. Eine weitere Option war, das direkte Gespräch mit Erich zu suchen, doch dafür fehlte ihnen, nach den gemachten Erfahrungen, das Vertrauen. So beschlossen sie zunächst, alle Aussagen von Erich schriftlich und mit Datum festzuhalten. Sie protokollierten über Wochen hinweg, die unterschiedlichen, sich widersprechenden Aussagen zu bestimmten Entscheidungen und Themen. Irgendwann war die Zeit reif. In einer Sitzung mit dem alten Herren holte Erich erneut aus und versuchte, die Verantwortung für eine Entscheidung Rainer zuzuschieben, er hätte dazu nie etwas gesagt.

Rainer war sehr ruhig, holte seine Notizen raus und las einfach nur vor, was Erich in den letzten Wochen für unterschiedliche Aussagen gemacht hatte mit jeweiligem Datum. Mehr war nicht notwendig. Ich weiß nicht genau, wie die Sitzung zu Ende gegangen ist. Aber Rainer erzählte mir, dass von da an Erich Rainer und sein Team nicht mehr vorführgeführt oder instrumentalisiert habe. Die Stimmung zwischen Rainer und Erich war verhalten, aber sie arbeiteten weiter zusammen. Viel später hat sich der alte Herr von Erich getrennt. Aber darum geht es bei dieser Geschichte nicht. Es geht vielmehr darum, dass Rainer und sein Team weder in hilflose Frustration abgeglitten sind, noch sich auf dem Scheiterhaufen des Jetzt-sagen-wir-endlich-mal-was-Sache-ist geopfert haben. Sie haben einen sehr klugen, strategischen Weg gefunden, mutig zu handeln und für sich und ihre Arbeit einzustehen.

Umsetzung in die Praxis / Zusammenfassung

Überprüfen Sie beim Systemcheck folgende Punkte, bevor Sie handeln:

1. Aus welcher Rolle heraus handle ich?
2. Was will ich erreichen?
3. Wann ist ein guter Zeitpunkt?
4. Woran werde ich erkennen, dass ich mich für mein inneres Wofür eingesetzt habe?
5. Welcher Ort eignet sich für das Gespräch?
6. Will ich das Thema unter vier Augen oder im Beisein Dritter ansprechen?

Vielleicht kommt es Ihnen viel vor, auf was Sie zu achten haben: Körper, Kommunikation und das System. Wenn Sie spüren, dass diese Komplexität Sie überfordert, entscheiden Sie sich für eine Komponente. Experimentieren und arbeiten Sie mit dieser und werten Sie Ihre Erfahrungen aus. Sie können beispielsweise sehr bewusst nur auf eine bestimmte Haltung Ihres Körpers achten oder sich ausschließlich darauf konzentrieren, wenig zu sprechen und Pausen zu machen. Sie wissen selbst am besten, wo für Sie im Augenblick der größte Hebel liegt, und genau da fangen Sie an. Es geht nicht darum, alles von Anfang an richtig zu machen. Es geht vielmehr darum, eine Spielwiese des Experimentierens zu entwickeln und daraus schrittweise zu lernen.

Kapitel 9:
Im Neuland –
Ankommen und lernen

»Die drei wichtigsten Dinge, um alles zu erreichen, was sich lohnt, sind: harte Arbeit, Durchhaltevermögen und gesunder Menschenverstand.«

Thomas Alva Edison (1847 – 1931), Erfinder und Unternehmer

Sie haben es geschafft. Sie haben Ihr altes, vertrautes Gelände verlassen und sich ins Neuland gewagt. Vielleicht haben Sie eine Einladung, die Sie sonst aus Pflichtgefühl hinter sich gebracht hätten, abgesagt. Vielleicht haben Sie Ihrem Chef klar und ruhig gesagt, dass Sie den dritten, zusätzlichen Vortrag auf einer Konferenz nicht halten werden, weil Ihnen sowohl die Zeit als auch die Kraft dafür fehlt. Vielleicht haben Sie ein Exposé zu einem Buch erstellt, das Sie schon immer schreiben wollten, und dies an einige Verlage geschickt. Oder Sie haben einem engen Freund gestanden, dass Sie verletzt und traurig sind, weil die Treffen immer oberflächlicher geworden sind. Egal welches alte Gelände Sie verlassen und welche Ihrer Ängste Sie überwunden haben, Sie haben den wichtigsten Encourage-Schritt gewagt: Sie haben gehandelt und das Gap überwunden. Erinnern Sie sich an die ersten Momente, wenn Sie ein neues Land bereisen? Wenn Sie am Flughafen oder Bahnhof einer neuen unbekannten Umgebung ankommen? Oft mischen sich Gefühle von Aufregung, Begeisterung und Fremdheit. Viel intensiver als sonst nehmen Sie das Umfeld wahr. Wie reagieren die Menschen hier? Worauf kommt es an? Wie kann ich mich hier zurechtfinden? Die Gefahr, sich selbst und sein inneres Wofür wieder aus dem Auge zu verlieren, wächst. Erst nach längerer Zeit in dem neuen Land können Sie sich ein klares Bild davon machen, wie gut oder schlecht es Ihnen in der neuen Umgebung gefällt. So ähnlich ist es auch mit dem Encourage-Neuland. Es können sich unterschiedliche Gefühle mischen und es kann eine Weile dauern, bis Sie sich heimisch fühlen.

9.1 Die erste Reaktion: Erleichterung und Zufriedenheit

Viele meiner Teilnehmer und Coachees berichten, dass sie zunächst eine große Erleichterung spürten, nachdem sie das Gap überwunden haben. Sie beschreiben, dass Ihnen Steine vom Herzen fielen oder sie innerlich um einige Zentimeter wuchsen, weil sie damit begonnen hatten, für sich selbst einzustehen. Sie berichten von einer Art Aufbruchsgefühl. Sie haben sich in neues Gelände gewagt und beginnen, zu erkennen, wie sich ihr Leben in diesem neuen Umfeld von Klarheit, Mut und Entschlossenheit anfühlen kann. Nehmen Sie diese ersten positiven Erfahrungen nicht als zu selbstverständlich. Geben Sie ihnen Raum und lassen Sie sie ihre Kraft entfalten. Vielleicht hilft Ihnen ein Moment der Stille und der inneren Einkehr, um die Freude und Zufriedenheit zu erleben, die mit einem selbstbestimmten Leben verbunden sind.

»Ich war einfach nur froh, dass ich gesagt habe, was ich seit Monaten wirklich denke. Ich fühle mich so erleichtert, ganz egal, wie es jetzt weitergeht.«

»Jetzt habe ich es tatsächlich geschafft und ganz klar nein zu meinem Chef gesagt. Das war das erste Mal, dass ich so klar und ehrlich für mich gesprochen habe. Ich bin stolz, dass ich mich getraut habe. Fühlt sich ein wenig wie Freiheit an.«

»Ich kann es selbst kaum glauben, aber ich habe endlich die Idee, die ich schon so lange mit mir rumtrage, gemeinsam mit Flüchtlingskindern zu kochen, einigen Organisationen vorgestellt und das Feedback war gut.«

»Es ist mir sehr schwergefallen, meiner Freundin zu sagen, wie traurig mich unsere ständigen Streitereien machen. Man fühlt sich auf einmal so verletzlich, aber irgendwie auch viel ehrlicher.«

Das sind nur einige von vielen Rückmeldungen, die ich von Teilnehmern erhielt, nachdem sie das Gap überwunden hatten. Wann immer jemand von einer Situation erzählt, in der er oder sie den Mut gefunden hat, seine oder ihre Ängste zu überwinden, entstehen Energie und Zuversicht.

9.2 Postalarmierung

Die Realität im Neuland kann aber auch anders aussehen. Mut zu Veränderung kann bedeuten, dass es im Prozess der Veränderung Phasen gibt, die Sie als schwierig erleben. Oft ist es nicht möglich, diese Phasen einfach zu überspringen. Gerade wenn noch gar nicht ganz klar ist, wie sich Ihr mutiges Handeln auswirken wird, fällt unser Gehirn in eine Art Postalarmierung zurück. Alte Unsicherheiten und Zweifel tauchen wieder auf.

»Die erste Zeit, nachdem ich endlich gesagt habe, was ich wirklich denke, war nicht leicht. Ich war mir nicht sicher, ob unsere Freundschaft so viel Ehrlichkeit aushält. Meine Freundin hat sich nach unserem Gespräch eine Woche lang nicht gemeldet. Das war eine der schwierigsten Wochen in meinem Leben. Ich hatte solche Angst, sie zu verlieren.«

»Am Anfang war es schon seltsam mit meinem Chef. Im Gespräch hat er meine Absage ernst genommen und nicht versucht, mich umzustimmen. Aber danach habe ich auf alle möglichen Signale gelauert, ob er mir das jetzt übel nimmt. Das war anstrengend.«

»Erst waren die Organisationen ganz angetan von meinem Projekt, mit Flüchtlingen zu kochen, aber dann hat sich eine ganze Weile niemand gerührt und ich habe angefangen, wieder an meiner Idee zu zweifeln.«

Kennen Sie solche Situationen? All die Ängste, die Sie überwunden glaubten, holen Sie wieder ein. Der Unterschied ist allerdings, dass Sie bereits gehandelt haben und Ihr Handeln kaum oder nur schwer rückgängig zu machen ist. In dieser Phase nicht die Standkraft zu verlieren, sondern wie im oben beschriebenen Zitat den gesunden Menschenverstand zu behalten, ist wichtig.

Die Ängste, die Sie führen, sind in Ihrem limbischen System verankert und Teil Ihrer Persönlichkeit. Sie werden Ihnen immer wieder begegnen, auch nachdem Sie das Gap überwunden haben.

Auch bei Ihnen kann dieses Phänomen der Postalarmierung auftreten. Ihre Ängste wachen noch einmal auf und setzen möglicherweise alle Hebel in Bewegung, um Ihr mutiges Handeln rückgängig zu machen. Die Gefahr, das innere Wofür wieder aus den Augen zu verlieren, wächst. Wir tendieren in dieser Phase dazu, alles anzuzweifeln. Oft sind all die Horrorszenarien nur Ausgeburten unseres alarmierten Gehirns, die wenig bis gar nichts mit gesundem Menschenverstand oder der realen Situation zu tun haben.

Postalarmierte Geschichten

Wie wir in Kapitel fünf festgestellt haben, kann unser Gehirn nur schwer mit Unsicherheit umgehen. Was macht unser postalarmiertes Gehirn in diesen Momenten der Unsicherheit? Es beginnt, eine Geschichte zu konstruieren, eine Geschichte, die Sinn macht und alles in einen logischen Zusammenhang stellt. Das Problem an diesen postalarmierten Geschichten ist: Sie haben mit der Realität oft nicht viel zu tun. Ich habe zwei Klienten, denen es genauso erging, gefragt, was genau in der Phase der Postalarmierung in ihrem Denken und Fühlen passiert ist.

»Meine Freundin meldet sich ganz oft über Wochen nicht. Wir haben beide viel um die Ohren. Da ist es völlig normal, dass wir Phasen haben, in denen wir keinen Kontakt haben. Nachdem ich ihr ehrlich gesagt habe, dass ich Sie manchmal als zu übergriffig empfinde, dass sie mir so viele Ratschläge gibt, nach denen ich gar nicht gefragt habe, und wie mich das ärgert und verletzt, war erst einmal Funkstille zwischen uns. In dem Gespräch hat sie einfach nur gesagt, sie müsse darüber nachdenken und dann hat sie sich eine Woche nicht mehr gemeldet. In der Woche hat mein postalarmiertes Gehirn folgende Geschichte geschrieben: Meine Freundin ist nicht in der Lage, mit ehrlichem Feedback umzugehen. Sie will immer nur Leute um sich haben, die sie bestätigen und ihr nach dem Mund reden. Wahrscheinlich war das nun

das Ende unserer Freundschaft. Sie wird sich einfach nicht mehr rühren und sich mit Leuten umgeben, die sie ausnahmslos bestätigen. Ich habe irgendwie auch versagt. Ich habe versucht, ehrlich zu sein. Nun mag sie mich nicht mehr. Die Menschen mögen mich eben lieber, wenn ich zurückhalte, was ich denke.«

»Mein Chef hat in dem Gespräch, als ich die Aufgabe abgelehnt habe, ganz fair reagiert. Für ihn sei es schwierig, jemand anderen für diese Tätigkeit zu finden, aber er respektiere, dass ich am Limit sei. Erst einmal hat sich alles ganz gut angefühlt. Aber dann bin ich im Nachhinein panisch geworden. Ich hatte den Eindruck, dass er mich bei den Teamsitzungen weniger anspricht. Meine Kollegen schienen auf einmal zurückhaltender als sonst zu sein. Ich dachte mir: Mein Chef ist sauer, dass ich diese Aufgabe abgelehnt habe. Für ihn gehöre ich nun zu den Verweigerern, aber er hat nicht den Mumm, mir das ehrlich zu sagen. Er kann überhaupt nicht damit umgehen, dass jemand Grenzen setzt. Das geht in unserem System nicht. Die Kollegen reden wahrscheinlich auch schon hinter meinem Rücken über mich.«

Kennen Sie solche Geschichten? Brené Brown beschäftigt sich in ihrem aktuellen Buch *Laufen lernt man nur durch Hinfallen* mit genau solchen Situationen. Situationen, in denen wir gewagt haben, mutig zu sein, und nicht wissen, was nun passiert, oder auch Niederlagen einstecken müssen (Brown 2016). Sie hat die postalarmierten Geschichten analysiert und folgende Beobachtungen gemacht:

1. Meist sind es nur ganz wenige reale Anhaltspunkte, die uns reichen, um daraus eine scheinbar schlüssige Geschichte zu machen. Die Leerstellen füllt unser Gehirn mit großer Fantasie ungefragt aus.
2. Wir beginnen, die andere Person abzuwerten. Wir finden sie blöde, uneinsichtig, stur, selbstverliebt, was auch immer uns hilft, ein Gefühl von Selbstgerechtigkeit zu erzeugen, und was uns davon abhält, die Unsicherheit zu spüren.

3. Die Geschichten, die wir über uns selbst in diesen Momenten schreiben, sind voll von alten, negativen Überzeugungen. »War schon klar: Ich kann so etwas nicht.«, »Egal was ich mache, es geht schief.«. Dahinter liegt oft die Grundüberzeugung »Ich bin nicht gut genug.«.

Unser Gehirn schreibt diese Geschichten nicht, wenn wir uns sicher, stark und erfolgreich fühlen. Sie entstehen in den Momenten, in denen wir uns unsicher, gefährdet und am Boden fühlen. Genau diese schwierigen Emotionen gehören aber zu manchen Veränderungsprozessen dazu. Wir können sie nicht einfach überspringen und fröhlich im Neuland agieren. Diese Emotionen gehören dazu und es ist wichtig, sie als Bestandteil von Veränderung zu akzeptieren.

In dem Buch von Brené Brown findet sich dazu ein schönes Beispiel: Brené führte mit Ed Catmull, dem Präsidenten von Pixar Animation, dem wir Filme wie *Alles steht Kopf*, *Cars* und *Toy Story* verdanken, ein Gespräch. Es ging um die Themen Verletzlichkeit, Unsicherheit und Zweifel. Nachdem sie ihre Erfahrungen über Unsicherheit und Selbstzweifel ausgetauscht hatten, konstatierte Ed: Es gäbe eigentlich bei jedem Filmprojekt, das sie machten, eine Phase, in der sie zweifelten und den Glauben an das Projekt verlören. Erfahrung und Erfolg garantierten in keiner Weise die einfache Durchfahrt durch die Phase des Zweifelns und Haderns. Diese dunklen Phasen gehörten unverhandelbar zum kreativen Prozess (Brown 2016).

Diese Phasen von Selbstzweifel und Unsicherheit können Teil eines Encourage-Prozesses sein. Es gilt, sie anzuerkennen und anzunehmen. Wir sollten uns in diesen Phasen von unserem postalarmierten Gehirn nicht ins Abseits führen lassen. Stattdessen können wir unsere eigene Encourage-Geschichte schreiben, die uns die Kraft gibt, durchzuhalten.

Die Postalarmierung stoppen: Eine neue Geschichte schreiben

Wenn Sie realisieren, dass Sie nach der Ankunft im Neuland beginnen, in die Postalarmierung zu verfallen, helfen Ihnen folgende mentale Techniken: Ihr Gehirn ist unglaublich fantasievoll und gewitzt darin, neben den realen Fakten eine Reihe von Vermutungen und Interpretationen anzubieten, die eine schlüssige Geschichte entstehen lassen. In Ihnen entsteht dann die Überzeugung: Genau so ist es. Die Geschichte hilft Ihnen, die Unsicherheit zu verdrängen, aber sie hindert Sie daran, im Neuland wirklich anzukommen.

Fragen Sie sich also: Was sind die Fakten und was erfindet mein Gehirn hinzu?

Kurzfristig kann es in diesen Momenten der Unsicherheit helfen, die anderen abzuwerten – als Idioten, Sturköpfe und Ignoranten – und sich dadurch vermeintlich sicherer zu fühlen. In der Interaktion mit den anderen ist diese Sichtweise aber alles andere als förderlich und in vielen Fällen ist sie einfach auch nicht angemessen. Im Gegenteil: Sie verstärkt Gefühle von Ärger und Aggression. Olivia Fox Cabane hat eine wirkungsvolle mentale Technik entwickelt, mit solchen Situationen umzugehen: Statt dem Gegenüber automatisch negative Motivationen zu unterstellen, empfiehlt sie, davon auszugehen, dass das Gegenüber aus Gründen, die Sie nicht kennen, handelt und in der momentanen Situation sein Bestes gibt. Sie schreibt: »In den meisten Situationen wissen wir nicht genau, welche Motive hinter dem Handeln einer Person liegen. So können wir uns auch die Erklärung aussuchen, die am hilfreichsten für unseren inneren Zustand und unsere Ausstrahlung ist.« (Fox Cabane 2013: 53)

Durch diesen mentalen Trick, kommen Sie ohne große Anstrengung in einen anderen inneren Zustand. Sie lösen sich von Ihrem Ärger und Vorwurf und entwickeln Vertrauen und Empathie. Für unsere Beispiele würde das bedeuten, dass Sie davon ausgehen, dass sich niemand aus Rachegelüsten eine Woche lang nicht mehr meldet. Dass Sie darauf vertrauen, dass der Chef sich Mühe gibt, Ihre Grenzen zu verstehen und so fair wie möglich zu handeln.

Auch wenn Menschen schwierige und verletzende Verhaltensweisen haben, kann es wertvoll sein, diese Hypothese aufrechtzuerhalten. Ich habe als Coach das Privileg, hinter die Oberfläche der Klienten zu schauen und die Zusammenhänge zu verstehen, die Sie antreiben. Immer wieder bin ich überrascht, welche Verletzlichkeiten und auch Limitierungen sichtbar werden. Die Menschen versuchen tatsächlich, ihr Bestes zu geben, selbst wenn es nach außen hin oft nicht so aussieht.

Mindestens genauso gnadenlos, wie wir in unseren postalarmierten Geschichten mit den anderen umgehen und ihnen allerhand Unsinn unterstellen, gehen wir in der Regel auch mit uns um. Zuschreibungen wie »Ich werde das nie schaffen.«, »Alle anderen bekommen es hin, aber ich nicht.« sind nicht selten. Darunter liegt das vertraute Gefühl, nicht gut genug zu sein. Wie wäre es, wenn Sie sich selbst statt mit Härte und Kritik versöhnend und annehmend begegnen könnten? Sie haben Ihr Bestes gegeben und sich für etwas eingesetzt, was Ihnen wichtig ist. Jetzt schauen Sie, was passiert und was Sie daraus lernen werden. Was würde sich in Ihrer Geschichte ändern? Wie würde sich die noch unsichere Welt im Neuland dann anfühlen?

Experimentieren Sie mit der Idee, wie Sie beginnen können, Ihre eigene Geschichte zu schreiben und sich dadurch in schwierigen Situationen erfolgreich mental zu führen. Mit Ihren neuen Geschichten beginnen Sie, Standfestigkeit und Reife im Neuland zu entwickeln.

Umsetzung in die Praxis

Wann immer Ihr Gehirn in den Alarmmodus zurückfällt und anfängt, Horrorszenarien zu entwickeln, nutzen Sie folgende Möglichkeit:

Erkennen Sie an, dass Sie sich gerade in einer schwierigen und emotional anspruchsvollen Phase der Veränderung befinden. Akzeptieren Sie diese Phase als Teil des Prozesses.

Stellen Sie sich dann folgenden Fragen und Einsichten:

1. Was sind die wirklichen Daten und Fakten in der Situation? Was beginne ich, dazu zu erfinden? Was muss ich noch lernen und erfahren, um mehr über die Situation zu verstehen?
2. Was ist, wenn die anderen Personen in diesen Momenten Ihr Bestes geben? Was ändert sich? Wie verändert sich mein innerer Zustand mit dieser Annahme?
3. Ich habe mein Bestes gegeben. Ich habe mich für das eingesetzt, was mir wichtig ist. Es macht keinen Sinn, mich verrückt zu machen. Ich stehe jetzt zu mir und warte ab, was sich daraus entwickelt.

9.3 Schwierige Erfahrungen

Wann genau ist der richtige Zeitpunkt, um die Erfahrungen, die Sie mit dem Mutig-Sein verbinden, auszuwerten? Die Antwort kann nicht eindeutig sein und wird von Fall zu Fall variieren. In jedem Fall sollten Sie nicht zu früh ein abschließendes Resümee ziehen. Viele Wirkungen von mutigem Handeln zeigen sich erst mit einer zeitlichen Verzögerung. Aber es kann sein, dass im Neuland Niederlagen auf Sie warten. Mutiges Handeln schließt mit ein, dass wir stolpern und auch scheitern.

Wenn Sie anfangen, sich weniger anzupassen, ehrlicher zu sein und mehr für sich und Ihre Meinung einzustehen, können Sie Menschen enttäuschen und verletzen. Es kann sein, dass sich Menschen von Ihnen abwenden, dass Sie Freunde verlieren. Das kann wehtun und gleichermaßen erleichternd sein.

Wenn Sie anfangen Grenzen zu setzen, nein zu sagen und anzuerkennen, dass Sie nicht immer alles schaffen können, so sehr Sie sich auch anstrengen, können Sie an Bedeutung in Ihrer Arbeit verlieren. Es kann sein, dass Sie nicht mehr in jedes wichtige Projekt mit einbezogen werden, nicht mehr zu den wichtigsten Entscheidungsträgern gehören.

Wenn Sie das Grundmuster der Zurückhaltung verlassen und Ihre Träume der Realität aussetzen, kann es sein, dass Sie kritisches Feedback oder Zurückweisungen erleben. Das wird wehtun und manchmal auch frustrierend sein.

Wenn Sie beginnen, auch Ihre verletzlichen Seiten zu zeigen und mehr von sich preiszugeben, werden Sie vielleicht die Erfahrung machen, dass manch einer damit nicht umgehen kann. Dass er sich zurückzieht und Sie alleine lässt.

Bedeuten diese Erfahrungen, dass Sie mit Ihrem mutigen Handeln gescheitert sind? Dass es ein Fehler war, sich aus dem alten Gelände zu verabschieden und den Weg über das Gap zu wagen? Sehr schnell tendieren wir dazu, die Wirkungen unseres Handelns in Erfolg und Misserfolg einzuordnen. Sehr schnell sind wir unglaublich stolz, wenn wir positive Rückmeldungen bekommen. Und noch schneller fühlen wir uns als Versager und gescheitert, wenn unsere Erwartungen im Neuland nicht erfüllt werden. Ich lade Sie ein, mit den Zuordnungen von Erfolg und Niederlage vorsichtiger umzugehen. Sind Sie wirklich gescheitert, wenn Ihnen eine der oben beschriebenen Reaktionen begegnet? Was bedeuten Scheitern und Misserfolg? Häufig kategorisieren wir Situationen, in denen sich unsere Erwartungen nicht erfüllen, als Niederlage. Wir sind enttäuscht, weil das, was wir mit unserem mutigen Verhalten erreichen wollten, sich nicht in der gewünschten Form einstellt. In dem Wort »enttäuscht« liegt die Bedeutung, dass wir einer Täuschung erlegen sind. Wir haben Erwartungen an uns und andere gestellt, die nicht erfüllt wurden. Manchmal müssen wir uns eingestehen, dass unsere Erwartungen unrealistisch waren. Diese

Enttäuschungen können wehtun. Oft bedingen sie, dass wir uns von Träumen verabschieden müssen. Dieser Enttäuschungsprozess kann wertvoll und erkenntnisreich sein. Vielleicht lernen Sie im Neuland, schrittweise die Realität anzunehmen und einige Ihrer Wünsche loszulassen. Vielleicht lernen Sie, dass Sie viel belastbarer sind, als Sie dachten. Vielleicht merken Sie, dass Sie es gut aushalten können, nicht mehr der oder die Beliebte, der oder die Leistungsbereite, der oder die Souveräne zu sein. Vielleicht bemerken Sie, dass sich durch das Loslassen von Bildern und Vorstellungen ein selbstbestimmtes Leben entwickelt.

Scheitern nicht anerkennen

In trauriger Erinnerung habe ich einen Klienten, dem diese Akzeptanz des Scheiterns während unserer Coaching-Arbeit nicht gelungen ist. Carl, ein junger Mann von dreiunddreißig Jahren, hatte sein gesamtes Kapital in eine Apotheke in einem Shoppingcenter gesteckt. Er setzte alle Hebel in Bewegung, um seine Apotheke in die schwarzen Zahlen zu bringen. Er besuchte BWL-Seminare, arbeitete Tag und Nacht, lebte immer bescheidener, seine Freundin trennte sich von ihm. Mit skurrilen esoterischen Techniken wollte er den Schlüssel zum Erfolg finden. Ich arbeitete als Coach mit ihm an seinen Führungskompetenzen. Aber den zentralen Kern haben wir in diesem Coaching nicht erreicht: die Akzeptanz, dass diese Apotheke in dieser Lage niemals erfolgreich sein wird. Ich habe das Coaching nach einem Jahr von meiner Seite aus beendet, weil ich nicht mehr an die Sinnhaftigkeit der Maßnahme glauben konnte. Zwei Jahre später hat Carl mir geschrieben, dass er Insolvenz anmelden musste und nun dabei ist, ein neues Leben aufzubauen. Seine Nachricht klang ruhig und klar. Es hatte einfach noch Zeit gebraucht, bis er sich von seinen Vorstellungen und Erwartungen verabschieden konnte, um dann wieder ins Leben zurückzufinden.

Carol Dweck, eine Psychologieprofessorin aus Stanford, hat sich in ihrer Arbeit mit der Frage beschäftigt, warum nicht nur Talent dafür verantwortlich ist, dass Menschen erfolgreich sind. Ihre Forschungsergebnisse enthalten einige spannende Aspekte zum Umgang mit Niederlagen. Dweck unterscheidet zwei sogenannte Mindsets, also Grundhaltungen. Im stabilen Mindset gehen die Menschen davon aus, dass ihre Talente fest vorgegeben und nicht veränderbar sind. Sie erleben Niederlagen als komplettes Versagen. »Ich kann das nicht und werde es nie können« ist das innere Programm, das bei einem stabilen Mindset abläuft. Menschen mit einem dynamischen Mindset hingegen gehen davon aus, dass Fähigkeiten entwickelt werden können. Alle Erfahrungen tragen dazu bei, zu wachsen und sich zu entwickeln. Sie erleben Niederlagen also nicht als Versagen, sondern als Chance zum Lernen. Nicht nur Begabungen, sondern die Mindsets, mit denen wir unseren Erfahrungen begegnen, entscheiden darüber, ob wir unser Leben aktiv gestalten oder nicht (Dweck 2009).

Wenn Sie also schwierige und schmerzhafte Erfahrungen im Neuland machen, nehmen Sie sich Zeit, die Erfahrungen zu verarbeiten und daraus zu lernen. Sie haben sich für ein inneres Wofür eingesetzt, das nach wie vor wichtig ist in Ihrem Leben. Sie haben Mut dafür aufgebracht, dieses innere Wofür zu leben. Allein das Überwinden des Gaps ist eine Form von persönlichem Erfolg.

Umsetzung in die Praxis

Wenn Sie eine Niederlage einstecken mussten, schauen Sie Ihrem Schmerz ins Gesicht. Was ist der Kern Ihres Schmerzes? Was ist so besonders schlimm an dieser Niederlage? Finden Sie Menschen, denen Sie vertrauen, und sprechen Sie mit Ihnen über Ihre Gefühle.

Stellen Sie sich folgende Fragen:
• Was lerne ich aus dieser Situation?
• Wie kann ich diese Erfahrung nutzen, um mich weiterzuentwickeln?
• Wofür möchte ich weiter einstehen?

9.4 Positive Erfahrungen

Nicht ohne Grund spreche ich seit Beginn des Buches vom überalarmierten Gehirn. Ich habe durch diesen Begriff die Behauptung in den Raum gestellt, dass der Preis für Handeln von dem von unseren Ängsten geführten Gehirn eklatant überschätzt wird. Daher werden Sie im Neuland erstaunlich viele positive Erfahrungen machen. Manchmal werden die positiven Erfahrungen sofort eintreten und Sie werden sich gestärkt und stolz fühlen. Manchmal müssen Sie die oben beschriebenen schwierigen Phasen durchlaufen, um am Ende festzustellen, dass es sich gelohnt hat.

Noch einmal lasse ich unsere beiden Klienten zu Wort kommen:

»Meine Freundin hat mich nach einer Woche angerufen. Sie war einfach toll. Sie hat gesagt, dass ihr mein Feedback wehgetan, aber auch geholfen hat. Es hat einen Punkt in ihr berührt, den Sie unterschwellig schon geahnt hatte. Ihr sind einige Situationen mit anderen Menschen aufgefallen, in denen Sie wieder so übergriffig werden wollte und sie hat es gelassen. Unsere Freundschaft ist seitdem deutlich enger und sie hat sich wirklich verändert. Ich habe Respekt vor ihr.«

»Ich habe all meinen Mut zusammengenommen und meinen Chef gefragt, ob er enttäuscht ist von mir und ich jetzt Nachteile habe, weil ich die Aufgabe abgelehnt habe. Er ist aus allen Wolken gefallen. Er hatte das schon wieder vergessen und hat mir gesagt, wie sehr er meine Arbeit schätzt und wie wichtig es ist, dass ich auf mich aufpasse und auch mal nein sage. Das hat mich sehr erleichtert und die Beziehung zu ihm ist vertrauensvoller geworden.«

Ich bin überzeugt, ein mutigeres Leben hält so viele wertvolle Schätze und Erfahrungen für Sie bereit. Sie werden im Neuland viel von dem finden, was Sie für nicht realisierbar hielten und nach dem Sie sich sehnten. Sie werden schwierige und schmerzvolle Erfahrungen machen, an denen Sie reifen und die Sie stärker machen. Um am Ende werden Sie feststellen, dass es sich alles in allem gelohnt hat.

Umsetzung in die Praxis

Nehmen Sie sich Zeit, die positiven Erfahrungen zu genießen. Machen Sie sich bewusst, was Ihr Anteil an diesem Prozess war. Sie haben das Gap überwunden, die Unsicherheit ausgehalten und sich in das neue, unbekannte Gelände gewagt. Dafür werden Sie nun in unterschiedlicher Weise belohnt. Wie kann Ihnen diese Erfahrung das nächste Mal helfen, wenn Sie am Gap stehen? Woran sollten Sie sich dann erinnern? Verankern Sie Ihren emotionalen Zustand in einem Bild oder Satz, in etwas, das Ihnen als Mutmacher für die nächste Gap-Situation dient.

Die Jacke ausziehen

Claudia – eine Frau Mitte dreißig, berufstätig und Mutter von drei Kindern – kam zu mir ins Coaching, weil sie sich total überfordert fühlte. In der Arbeit, aber auch zu Hause gelang es ihr nicht, Grenzen zu setzen und für ihre eigenen Bedürfnisse einzustehen. Nachdem wir in einigen Coaching-Sitzungen einen Encourage-Prozess in Gang gebracht hatten, kam Claudia erleichtert in die letzte Coaching-Sitzung: »Ich sage jetzt: Stopp, so nicht. Du deckst den Tisch und Du räumst das Wohnzimmer auf.« Und das funktioniert. Meine Kinder nehmen mich ernster, seit ich so klar bin und deutlich mache, was ich möchte. Nicht immer klappt alles, aber wir sind viel mehr im Kontakt und ich spüre Ihren Respekt. Unsere Beziehung hat sich dadurch enorm verbessert.« Ich fragte sie, ob es ein Bild gäbe, mit dem sie dieses neue Verhalten und Erleben beschreiben könne. Nach einem kurzen Moment des Nachdenkens lachte sie: »Ich habe irgendwie eine Jacke ausgezogen, die mich permanent eingeengt hat.«

Zusammenfassung

- Nicht immer werden die Wirkungen unseres mutigen Handelns sofort wirksam. Oft zeigen sich die tatsächlichen Konsequenzen erst nach einiger Zeit. Sie sind gut beraten, beim Ankommen im Neuland erst einmal loszulassen und abzuwarten.

- Oft fühlen sich Menschen erleichtert und stolz, wenn sie das Gap überwunden haben, unabhängig von der Wirkung ihrer Handlung.

- Manchmal neigt unser Gehirn im Neuland zu einer Postalarmierung. Unsere alten Ängste werden wach und beginnen, Horrorszenarien über die Wirkung unseres Handelns zu kreieren. Dann heißt es innehalten und seine eigene Geschichte schreiben.

- Wenn Sie schwierige und schmerzhafte Erfahrungen im Neuland machen, gehen Sie diesen nicht aus dem Weg. Sie sind wichtige Lern- und Erfahrungspunkte, die Sie mit anderen Menschen teilen können.

- Wenn Ihr mutiges Handeln zum Erfolg führt, nehmen Sie sich Zeit, den Mut, den Sie aufgebracht haben, zu würdigen und die positiven Erfahrungen für kommende Mut-Situationen zu nutzen.

Kapitel 10:
Die Wirkung –
Versuch einer Erfolgsrechnung

»Wir denken, wir machen Erfahrungen. Aber die Erfahrungen machen uns.«

Eugene Ionesco (1909 – 1994), französisch-rumänischer Autor

Was verändert sich, wenn Menschen das Gap überwinden und sich im Neuland mit Klarheit, Aufrichtigkeit und Mut zurechtfinden? Welche langfristigen Auswirkungen hat ein couragiertes Leben? Ich habe durch die Beispiele gezeigt, welche Erfahrungen Menschen machen können, wenn Sie sich entscheiden, Ihr persönliches Gap zu überwinden. Sie werden Ihr Leben nicht sofort um 180 Grad verändern. Es sind oft eher viele kleine Schritte, die Sie zu einem selbstbestimmteren Leben führen. Immer wieder können Sie sich entscheiden, das Gap zu überwinden. An manchen Tagen fehlt Ihnen vielleicht die Entschlossenheit und Sie entscheiden sich, im vertrauten Land des Nichthandelns zu bleiben. Das ist vollkommen in Ordnung. Ich behaupte nicht, dass alle Menschen, die dieses Buch gelesen haben, von nun an ausschließlich mutig, selbstbestimmt und klar auftreten werden. Aber ich will Ihnen Mut machen, wenn Sie bereits auf dem Weg zu mehr Encourage sind, die begonnene Reise weiter fortzusetzen. Wenn die Auseinandersetzung mit dem Thema Mut für Sie so etwas wie ein Schlüsselerlebnis gewesen ist, und Sie Lust darauf verspüren, nun etwas zu verändern, dann lassen Sie sich von kleinen Niederlagen oder Rückschlägen nicht entmutigen. Erinnern Sie sich immer wieder daran, dass Sie alle Ressourcen in sich tragen, Ihre persönlichen Gaps zu überwinden. Und erinnern Sie sich auch, dass Sie dieses Buch wie einen Fahrplan benutzen können und es ihnen aufzeigt, wo Sie beginnen können und wie Sie in kleinen Schritten immer besser darin werden können, ihre Gaps zu überwinden.

Ich habe mit Tanja, einer Klientin, die sich über einen längeren Zeitraum mit dem Thema »Mut« beschäftigt hatte und an der ich viele Veränderungen wahrnehmen konnte, zum Abschluss des Coachings ein Interview geführt und sie hat sich bereit erklärt, dass ich einen Auszug dieses Gesprächs im Buch verwenden darf. Tanja ist Anfang dreißig und arbeitet in einer Marketingagentur.

Wie ein Knoten, der aufgeht

»Ich habe schon lange darüber nachgedacht, dass ich gerne mutiger wäre in meinem Leben. Menschen, die so aufrecht und mutig ihre Meinung vertreten und ihr Ding machen, habe ich immer bewundert. Aber ich hatte keine Vorstellung, wo ich mit dem Mutig-Sein beginnen sollte. Das Interesse für das Thema Mut war also schon da. Am Anfang habe ich einfach nur bemerkt, wie oft ich eben nicht mutig bin. Wie oft ich nichts sage, obwohl ich eine Meinung nicht gut finde oder mich ärgere. Das ist mir immer bewusster geworden. Und dann habe ich vorsichtig angefangen, an dieser Baustelle zu arbeiten. Geholfen hat mir, dass ich schon seit längerer Zeit den Tag mit einer kurzen Achtsamkeitsmeditation beginne. Da habe ich manchmal das Thema Mut mit reingenommen. Wofür könnte ich heute mutiger sein, habe ich mich gefragt. Manchmal habe ich auch nach Situationen, in denen ich angepasst und wenig mutig reagiert habe, innegehalten und mich gefragt: Was habe ich jetzt gerade wieder verpasst.

An die erste mutige Situation erinnere ich mich noch sehr gut. Ich habe einer engen Freundin gesagt, dass ich es komisch finde, dass immer ich mich melden muss. Wenn wir uns sehen, ist es immer sehr schön. Aber von ihr kam so wenig, dass ich kurz davor war, mich aus der Freundschaft zurückzuziehen. Das war typisch für mich: Wenn etwas schwierig wurde, habe ich mich zurückgezogen. Ich war aufgeregt, als ich ihr gesagt habe, wie es mir geht und dass sie mir wichtig ist. Das hat mich viel Überwindung gekostet. Finde ich übrigens immer noch schwierig, ehrlich zu zeigen, wie es mir geht. Die Reaktion der Freundin war richtig gut. Sie war total überrascht, meinte, ich sei doch immer so beschäftigt. Daher habe sie mich nicht stören wollen. Sie freue sich immer, wenn ich mich melde. Nachdem wir darüber geredet hatten, war das mit dem Wer-ruft-zuerst-an etwas weniger wichtig. Insgesamt ist unsere Freundschaft enger geworden.

In der Arbeit bin ich offener zu meinem Chef. Der ist eigentlich ganz in Ordnung, aber manchmal macht er Sachen, wo wir alle innerlich nur die Augen verdrehen, und nachher geht dann das Geläster los. Da versuche ich, mich nun rauszuhalten. *Wenn ich etwas nicht in Ordnung finde, sage ich ihm das unter vier Augen und mein Eindruck ist, dass er über meine Ehrlichkeit froh ist. An der einen oder anderen Stelle hat er seine Entscheidungen überdacht. Vieles macht er trotzdem so, wie er will. Aber ich fühle mich auf jeden Fall besser. Zu den Kollegen ist anfangs eine Distanz entstanden, als ich bei den Lästerrunden nicht mehr mitgemacht habe. Das hat mir auch etwas ausgemacht. Lästern verbindet ja auch. Mir hat es in dieser Phase geholfen, mir vorzustellen, dass alle versuchen, ihr Bestes zu geben, und mir niemand etwas Böses will. Jetzt akzeptieren sie, dass ich mich raushalte. Ich habe ihnen gesagt, dass ich die Lästerei einfach nicht mehr will.*

Am schwersten tue ich mich beim Thema Leistung. Ich lebe alleine und meine Arbeit macht mir wirklich Spaß. Die Verführung, bis lange in den Abend zu bleiben und auch an den Wochenenden zu arbeiten, ist groß. Das ist in unserem Team auch durchaus üblich. Ich arbeite noch immer zu viel, aber immerhin gehe ich mindestens dreimal die Woche zu Fuß zur Arbeit und beginne somit den Tag mit einem halbstündigen Spaziergang. Außerdem habe ich mich zu einem Tango-Kurs angemeldet. Das wollte ich immer gerne, aber da hatte mir auch lange der Mut gefehlt. Einmal in der Woche gehe ich daher schon um 17.00 Uhr.

Ich fand es sehr angenehm, dass es nicht darum geht, sofort alles zu verändern, sondern einfach mal anzufangen. Es ist wie bei einem riesigen Knoten. Du fängst irgendwo an, einen Faden zu lösen und so langsam lösen sich die anderen von alleine und der Knoten geht auf. Und es wird leichter, wenn Du mal gestartet hast mit dem Mutig-Sein. Insgesamt hat sich viel zum Positiven verändert. Da bin ich auch stolz auf mich.«

Tanjas Erleben ist ein gutes Beispiel für meine Erfahrungen mit Encourage. Wie Tanja beschreibt, nimmt ihr Bewusstsein für Gap-Situationen deutlich zu. »Du kannst nur tun, was du willst, wenn du weißt, was du tust« ist ein viel zitierter Satz des Physikers Moshe Feldenkrais. Durch die wiederkehrende Auseinandersetzung mit dem Gap und dem, was Sie darin versenken, wächst das Bewusstsein für das, was Sie tun, und damit die Grundlage für Veränderung. Immer wieder höre ich auch den Satz: »Das Gap wird kleiner.« Die positiven Erfahrungen im Neuland zeigen, dass viele der anfänglichen Befürchtungen tatsächlich übertrieben waren. Diese positiven Erfahrungen hinterlassen ihren Abdruck in Ihrem Gehirn. So erklärt sich, warum mit zunehmender Anzahl von überwundenen Gap-Situationen, das Gap selbst sich nicht mehr so unüberwindbar anfühlt.

Bei Tanjas Ausführungen ist zu spüren, dass sie neue Seiten an sich entdeckt und sich auch weiterentwickelt hat. Menschen, die anfangen, mutiger zu sein, entdecken neue und bis dahin verborgene Fähigkeiten. Wenn sie ihr Leben in dem alten, sicheren Gelände ihrer Grundmuster verbringen, bleibt ihr Selbstbild sehr begrenzt. Sie sind halt so, wie sie sind, und daran ist wenig zu ändern. Beginnen sie, ihre persönlichen Gaps zu überwinden, lernen sie andere Seiten ihrer Persönlichkeit kennen und geben sich die Chance, zu reifen. Das Knotenbild von Tanja ist sehr treffend. Häufig beobachte ich in längerfristigen Coaching-Prozessen, dass sich durch Encourage die Art und Weise, wie Veränderungen angegangen werden, verändert. Mit zunehmender Erfahrung von mutigem Handeln wächst die Lust am Ausprobieren. Veränderung wird weniger als Überwindung erlebt, sondern eher spielerisch und experimentell. Diese lustvolle Form von Veränderung ist uns eigentlich in die Wiege gelegt. Häufig verlieren wir sie aber im Laufe des Lebens. Der Gehirnforscher Gerhard Roth weist darauf hin, wie wichtig und entscheidend Freude und Lust für erfolgreiches Lernen sind (BR-alpha-Serie, 2015: Folge 2). Wenn Sie einmal begonnen haben, ins Neuland zu reisen und dort neue und spannende Erfahrungen zu machen, wächst die Lust auf die nächste Reise.

Vielleicht können Sie in dem Bericht von Tanja spüren, wie sie an Selbstvertrauen gewonnen hat. Encourage fokussiert auf Situationen, in denen Menschen lernen, vom Nichthandeln ins Handeln zu kommen. Egal aus welchem Grundmuster Sie sich herausbewegen und welches alte Gelände Sie verlassen, Sie überwinden das Gap. Eng mit dieser mutigen Handlung ist die Erfahrung verbunden, dass Ihre Handlung Wirkung erzeugt. Wirkung beim Gegenüber und auch im System, in dem Sie sich bewegen. Diese positive Grunderfahrung stärkt die Selbstwirksamkeit, die in der Literatur als eine innere Haltung beschrieben wird, daran zu glauben, etwas bewirken und Ziele erreichen zu können. Selbstwirksamkeit stärkt Eigenverantwortung und Selbstvertrauen (Bierhoff 2012).

10.1 Macht Mut gesund?

Viele Menschen, die mutiger handeln und mehr zu sich stehen, berichten, dass es ihnen insgesamt besser gehe. All die kleinen oder größeren Frustrationen, über die sie früher einfach weggegangen sind, wirkten in ihnen langfristig nach. Sie belasteten sie und nahmen ihnen die Lebensfreude. Couragiert zu leben ermöglicht Ihnen, nicht so viel in sich hinein zu fressen, Gefühle, die da sind, ehrlich zu zeigen und sich mehr für Ihre Bedürfnisse einzusetzen. Macht dieser Effekt vielleicht nicht nur die Seele gesünder, sondern auch den Körper?

Ein neuer Zweig der Medizin, die Psychoneuroimmunologie befasst sich wissenschaftlich mit den Zusammenhängen zwischen Körper und Seele. In dem gerade von Professor Christian Schubert erschienen Buch *Was uns krank macht, was uns heilt* werden die Zusammenhänge von unterdrückten Gefühlen wie Wut und Ärger und einer Schwächung des Immunsystems dargestellt. Schon längere Zeit ist bekannt, dass dauerhafte Konflikte im Leben eines Menschen zu einem steigenden Cortisolspiegel (auch als Stresshormon bekannt) führen, was wiederum die Anfälligkeit für Autoimmunerkrankungen erhöht. Schubert geht davon aus, dass langfristig die Trennung in körperliche und seelische Erkrankungen nicht mehr haltbar sei, denn zu sehr wirken die beiden Ebenen aufeinander ein (Schubert 2016). Ihre Fähigkeit, auch kritische Gefühle auszusprechen und anderen zuzumuten, lässt nicht nur Ihre innere Belastung geringer werden, auch Ihre körperliche Gesundheit kann davon profitieren.

10.2 Mut und Ausstrahlung

Wenn es um die Themen Ausstrahlung und Wirkung geht, beschäftigen wir uns oft damit, was wir verändern müssen, um an Ausstrahlung zu gewinnen. Der Blick geht von außen zu uns hin. »Was muss ich machen, damit mein Umfeld mich als charismatisch wahrnimmt?« ist dann die bestimmende Frage. Häufig geht damit eine permanente Selbstbeobachtung einher, die uns letztendlich Präsenz nimmt. Während wir unserem Chef eine neue Projektidee präsentieren, suchen wir in seiner Mimik nach Signalen der Zustimmung oder Ablehnung. Wir fragen uns, ob wir souverän wirken, und sorgen uns um unsere Körperhaltung, Überzeugungskraft und Präsenz. Wenn wir eine Präsentation halten, erstarren wir innerlich, wenn uns ein »Äh« rausrutscht oder wir kurz den Faden verlieren. Olivia Fox Cabane hat in ihrem Buch »Das Charisma-Geheimnis« die eigenen Selbstzweifel als den größten Charisma-Killer bezeichnet. Unser überalarmiertes Gehirn reagiert nicht nur am Gap, sondern oft auch während Situationen, in denen wir uns zeigen und zu uns stehen. Bei Encourage führt das sichere Wissen um das innere Wofür zu einem starken, klaren Ausdruck. Wir fragen nicht, was ich tun muss, um so oder so zu wirken, sondern was mir hilft, bei mir zu bleiben und für mich einzustehen. Die Frage, was ich tun muss, um gut anzukommen, tritt in den Hintergrund und wird durch die Frage ersetzt, wofür ich mich einsetzen will. Mut entwickelt sich von innen nach außen. Das ist nach unserer Erfahrung die stabilste Basis für Ausstrahlung und Überzeugungskraft.

Innere Überzeugung und Ausstrahlung

Ich erinnere mich besonders gut an eine Situation im Training, in der ich viel über diese von innen kommende Überzeugungskraft verstanden habe. Die Teilnehmer waren aufgefordert, sich in einem Dreieck mit den drei Ecken »Ich«, »Du« und »Es« zu positionieren. »Ich« stand für den Bezug zu mir selbst, meinen Werten, Bedürfnissen und Zielen, »Du« für das Hineinversetzen in das Gegenüber und »Es« für die Sachebene, die sachlichen Ziele und Inhalte etc. Die Teilnehmer sollten in der Aufstellung den Platz suchen, der am ehesten ihre typischen Tendenzen im Arbeitskontext repräsentierte. Wie meist tummelten sich viele Personen beim Es. Die Fokussierung auf Inhalte und Fakten ist typisch und sinnvoll, solange auf der Beziehungsebene zum Gegenüber alles stimmt. Einige standen beim Du und nur wenige beim Ich. Unter den wenigen Personen beim Ich war interessanterweise der sehr erfolgreiche Vertriebsleiter eines großen Pharmaziekonzerns, ein eher zurückhaltender und sympathischer Mann, der wenig mit den Klischees des typischen Vertriebsleiters zu tun hatte. Ich fragte ihn, ob er als Vertriebsprofi nicht näher am Du stehen müsse, um die Kundenbedürfnisse zu erfassen. Er schaute mich ganz erstaunt an und sagte: »Klar muss ich mich um den Kunden kümmern und mitbekommen, was in ihm vorgeht. Aber das Wichtigste für einen guten Vertriebler ist, dass er sehr genau weiß, wofür er steht. Nur dann ist er in Verhandlungen auch überzeugend.«

Genau darum geht es: Wenn Sie aus ihrem inneren Wofür handeln, wird das Ihre Ausstrahlung um ein Vielfaches potenzieren. Wir erleben Personen als charismatisch und überzeugend, bei denen wir die innere Beteiligung spüren, bei denen deutlich wird, dass sie aus innerer Überzeugung heraus handeln. Steve Jobs war mit Sicherheit kein einfacher Mensch. Glaubt man den Beschreibungen der Presse, behandelte er sein Umfeld häufig rücksichtslos und verletzend. Aber wer seine Rede an die Absolventen der Eliteuniversität Stanford gesehen hat, wird verstehen, was wir mit Charisma, das von innen kommt, meinen. Der Studienabbrecher Jobs, der gerade seine Krebserkrankung überwunden glaubte, warb mit aller Kraft dafür, dem eigenen inneren Wofür zu folgen, sich nicht beirren zu lassen und den Mut zu haben, etwas zu wagen (Jobs 2005). Ich glaube nicht, dass Jobs auch nur eine Sekunde daran verschwendet hat, sich zu fragen, wie er bei der Rede wirken möchte. Ich glaube, er hat sich von dem tragen lassen, was er in sich und für sich als Kernbotschaft gefunden hat. In viel kleinerer Dimension bemerke ich diesen Effekt auch bei mir. Es gibt Momente, da springt mein Funke im Training nicht richtig auf die Teilnehmer über, obwohl ich dieselben Beispiele und Inhalte bringe wie bei einem Training, das an anderer Stelle hervorragend lief. Dann merke ich, dass etwas fehlt.

Immer wenn ich innehalte, lande ich bei derselben Erkenntnis: Ich bin nicht wirklich mit dem verbunden, was ich gerade erzähle. Ich habe gerade keinen inneren Bezug zum Gesagten und das merken die Teilnehmer. Vor jeder wichtigen Präsentation frage ich mich daher immer wieder ganz bewusst aufs Neue, was mich bei dem Thema antreibt. Mein Fokus liegt dann auf der Frage, was ich rüberbringen will und was mir wichtig ist, und weniger darauf, wie ich gerade ankomme.

Neben der Ausstrahlung, die aus dem inneren Wofür kommt, können Menschen gemäß unseres Konzeptes ihren Körper nutzen, um in eine Haltung der inneren Stärke und des Selbstbewusstseins zu kommen. Wir fragen eben nicht: »Welche Haltung brauche ich um überzeugend zu wirken?«, sondern: »Welche Haltung hilft mir, um mich stark und präsent zu fühlen?« Im Ergebnis kommen wir zu ähnlichen Erkenntnissen. Natürlich kommt ein Mensch, der aufgerichtet ist und Raum nimmt, selbstbewusster rüber als jemand, der wie ein Häufchen Elend dasteht. Aber der Weg dahin geht über die Frage: »Was tut mir gut und stärkt mich?« Der Fokus liegt bei mir und nicht bei den anderen.

Ähnlich ist es bei der Kommunikation. Kern unserer Kommunikation ist aus sich heraus zu sprechen, möglichst wenig zu sagen und möglichst aufrichtig zu sein. Menschen, bei denen wir Authentizität spüren, gewinnen automatisch an Ausstrahlung. Wir fragen eben nicht: »Welche Emotionen könnten jetzt gut ankommen?«, sondern: »Was ist wirklich in mir und was davon will ich zeigen?«. Olivia Fox Cabane weist in ihren Charisma-Vorträgen regelmäßig darauf hin, dass es unsere innere Einstellung ist, die nach außen wirkt. Wenn wir anfangen, uns zu verstellen, geht zum einen ein Teil unserer Aufmerksamkeit in die Anstrengung der Verstellung, zum anderen ist es nahezu unmöglich, all unsere nonverbalen Signale wie Mimik, Körpersprache oder Stimme auch nur annähernd zu kontrollieren (Fox Cabane 2012). Immer wieder sind Teilnehmer auf Veranstaltungen erstaunt, wie sich die Wirkung auf andere verändert, wenn man innerlich von seinen Werten und Bedürfnissen her mit dem, was man sagt, wirklich integer verbunden ist.

Der Kunde soll sich willkommen fühlen

Ich erinnere mich gut an Jens, Führungskraft eines Teams aus Mitarbeitern von mehreren Verkaufsstellen für Fahrkarten. Die Verkaufsstellen hatten über Jahre ohne Feedback und wirkliche Führung vor sich hingearbeitet. Die Kunden wurden häufig eher als Ballast empfunden, den man in seine Schranken weisen musste. Jens wollte das verändern. Er hatte das Team neu übernommen und hatte Vieles vor. Aber die ersten Teamsitzungen waren ernüchternd. Er fühlte sich wenig ernst genommen und seine Botschaft sprang nicht über. Wann immer er versuchte, eine klare Ansage zu machen, hatte er den Eindruck, seine Leute nicht zu erreichen. Wir entschieden uns für ein Schattencoaching. Ich erlebte einen Jens, der, sobald er begonnen hatte, zu sprechen, nicht mehr aufhörte, der sich oft wiederholte und versuchte, sein Team durch Appelle zu erreichen. Seine Tendenz zur Rechtfertigung und die vielen Erklärungsversuche ließen ihn unklar und unsicher wirken. Dieses Feedback gab ich ihm im Anschluss. Wir begannen das Coaching mit der Frage, wofür er sich als Führungskraft einsetzen und was er im Kern verändern wolle. Es dauerte eine Weile, bis er einen klaren Satz gefunden hatte, der das ausdrückte, was sein Anliegen war. »Ich will, dass die Kunden sich bei uns willkommen fühlen, dass sie unsere Verkaufsstellen mit einem guten Gefühl verlassen.« Von diesem Satz aus entwickelten wir die Veränderungsarbeit in Jens Team. Er war selbst erstaunt, welche Stärke und äußere Klarheit ihm dieser Satz gab. Er lernte, in den Teamsitzungen seinen Körper zu nutzen und sich schon vorher in eine für ihn stärkende Haltung zu bringen. Er lernte, nicht gleich loszulegen, sondern sich Zeit zu lassen, alle erst einmal anzusehen, bevor er startet. Er lernte, sehr persönlich zu sprechen und wenig zu sagen. Und zuletzt lernte er noch, Pausen auszuhalten und seinem Druck, sich zu rechtfertigen und zu erklären, nicht nachzugeben. All diese Lernpunkte zogen sich über einen längeren Zeitraum hin. Es gab Rückschläge und schwierige Momente, aber am Ende hatte er deutlich an Ausstrahlung und Überzeugungskraft gewonnen. Die Mitarbeiter spürten, dass da jemand stand, der es ernst meinte, und das war die Basis für die Veränderung.

Zusammenfassung

- Mut zeigt Wirkung nach innen und außen.
- Im Inneren: Das wahrgenommene Gap verkleinert sich, die Bewusstheit für das eigene Handeln nimmt zu. Veränderungen werden mit mehr Experimentierfreude angegangen. Selbstwirksamkeit, Leistungsbereitschaft und Entscheidungskraft wachsen.
- Nach außen: Die Menschen wirken selbstbewusster, klarer und aktiver. Sie werden für ihren Mut und ihr Engagement respektiert.
- Oft hat Mut eine ansteckende Wirkung auf andere.

Kapitel 11:
Das Tun – Training fürs Hirn

● ● ● ● ● ● ● ● ● ● ● ● ● ● ● ● ● ● ● ●

»Für das Können gibt es nur einen Beweis: das Tun.«

Marie von Ebner-Eschenbach (1830 – 1916),
mährisch-österreichische Schriftstellerin

Zum Abschluss will ich Sie einladen, Ihre ganz persönliche Reise in das neue Land von Mut, Selbstbestimmtheit und Handlungsstärke anzutreten. Die Einladung erfolgt nicht ohne Grund. Unser Gehirn liebt das Tun. Nur im Erleben kann es wirklich lernen, wie es sich anfühlt, zu mehr Mut zu finden. Diesen Umstand können wir positiv nutzen. Unser Gehirn macht keinen Unterschied, ob es Encourage im wirklichen Leben, in Träumen oder in der reinen Vorstellungskraft erlebt. In dem Moment, wo Sie sich vorstellen, wie Sie mutig und kraftvoll handeln, werden in Ihrem Gehirn Synapsen verknüpft, die einen neuen Weg für mutiges Handeln bahnen. Je öfter Sie in Ihrer Vorstellung, diesen Weg gehen, desto leichter wird er Ihnen in der realen Umsetzung fallen. Beobachten Sie beispielsweise einen Abfahrtsläufer kurz vor dem Start. Mit geschlossenen Augen geht er hoch konzentriert die gesamte Strecke durch, durchläuft mental die einzelnen Streckenabschnitte und stellt sich vor, wie er seinen Körper bewegen wird.

Wie wäre es mit so einem Trockentraining? Einem Probelauf für ein mutiges Leben? Nehmen Sie sich ein wenig Zeit, in Stille bei sich anzukommen. Wenn Sie wollen, schließen Sie die Augen und nehmen Sie wahr, was vor Ihrem inneren Auge auftaucht, wenn Sie die Reflexionsfragen zu den einzelnen Stationen auf der Reise zu mehr Mut lesen.

Der Sinn	Was würde sich in Ihrem Leben ändern, wenn Sie mutiger wären? Was würden Sie wirklich gerne tun, aber trauen sich nicht? Welche Gedanken und Ideen tauchen auf, wenn sie sich mutig dafür öffnen?
Das Gap	Wovor haben Sie am meisten Angst? Woher kennen Sie diese Angst aus Ihrem Leben und Ihrer Geschichte? Wie macht sich diese Angst körperlich und in Ihrem Verhalten bemerkbar? Was ist Ihr Grundmuster im alten, vertrauten Land, wenn die Angst sie führt?
Der Preis	Welchen Preis zahlen Sie für Ihr Nichthandeln? Was werfen Sie täglich immer wieder ins Gap? Wie sehr schmerzt Sie dieser Preis?
Die Brücke	Wie finden Sie zu Ihrer inneren Stimme? Was sagt Ihnen diese innere Stimme? Wofür könnte es sich lohnen, mutig zu sein? Welche Sehnsüchte, Werte und Träume wollen Sie mehr leben? Wie können Sie mit Ihrer inneren Stimme in Kontakt bleiben?

	Die Unsicherheit	Wie zeigt sich die Unsicherheit beim Überqueren des Gaps bei Ihnen? Was sind Signale der Unsicherheit? Was passiert, wenn Sie diese Unsicherheit umarmen, statt gegen sie zu kämpfen? Was passiert, wenn Sie trotz Unsicherheit handeln?
	Der Körper	Stellen Sie sich Ihre persönliche Encourage-Situation vor. Wie möchten Sie Ihre Haltung bewusst verändern? Den Körper aufrichten und die Brust weit werden lassen? Den direkten Blickkontakt zum Gegenüber suchen? Die Nordung zum Boden spüren und daraus Stabilität und Kraft ziehen?
	Die Kommunikation	Wie werden Sie sprechen? Klar und prägnant? Wenig und mit Pausen? Ehrlich und persönlich? Worauf wollen Sie persönlich besonders achten?
	Der Systemcheck	Was wollen Sie vorher checken, um dann zu entscheiden, in welcher Form Sie aktiv werden wollen? Die Betroffenheit des Gegenübers? Die Rolle des Gegenübers? Sind andere dabei? Passt der Ort? Passt der Zeitpunkt?

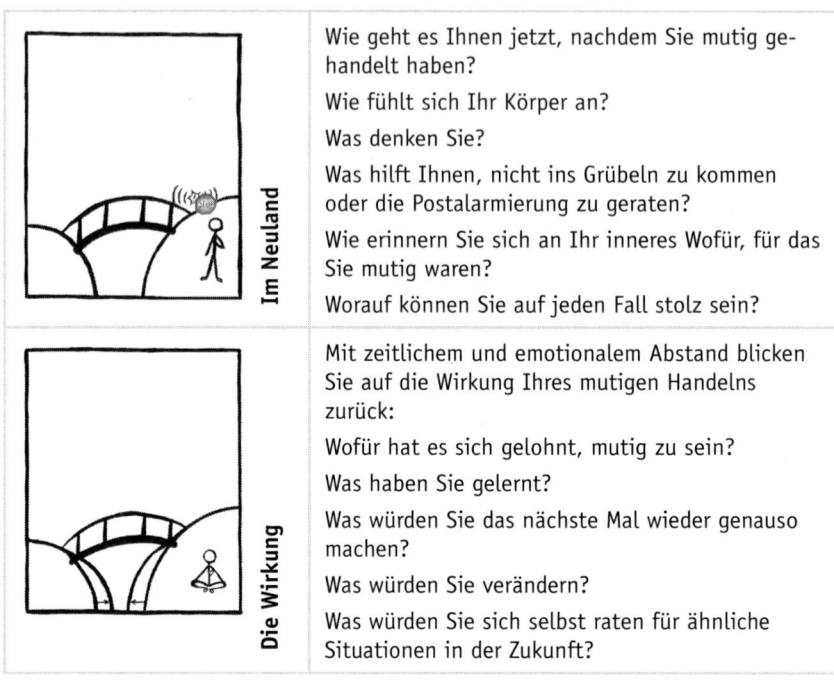

Im Neuland	Wie geht es Ihnen jetzt, nachdem Sie mutig gehandelt haben? Wie fühlt sich Ihr Körper an? Was denken Sie? Was hilft Ihnen, nicht ins Grübeln zu kommen oder die Postalarmierung zu geraten? Wie erinnern Sie sich an Ihr inneres Wofür, für das Sie mutig waren? Worauf können Sie auf jeden Fall stolz sein?
Die Wirkung	Mit zeitlichem und emotionalem Abstand blicken Sie auf die Wirkung Ihres mutigen Handelns zurück: Wofür hat es sich gelohnt, mutig zu sein? Was haben Sie gelernt? Was würden Sie das nächste Mal wieder genauso machen? Was würden Sie verändern? Was würden Sie sich selbst raten für ähnliche Situationen in der Zukunft?

Welche Bilder tauchen auf?

Welche Gefühle und Körperempfindungen sind mit den Fragen verbunden?

Treten Sie diese Reise nicht nur mit dem Kopf, sondern mit Ihrer ganzen Persönlichkeit an: mit Kopf, Herz und Körper. Lassen Sie alles, was auftaucht, auf sich wirken und nehmen Sie sich Zeit. Wenn wichtige Dinge auftauchen, machen Sie sich Notizen, und erstellen Sie Ihre individuelle Encourage-Landkarte.

Entscheiden Sie selbst, in welchem Tempo Sie diese innere Reise antreten wollen. Vielleicht entwickelt sich Ihre ganz persönliche Landkarte über Wochen und Monate, vielleicht schon in wenigen Stunden oder Tagen.

Kapitel 12:
Encourage im Unternehmen

12.1 Neue Welt – neue Organisationen

Kann man die Idee des mutigen Handelns auf Systeme, Organisationen und Unternehmen übertragen? Besteht nicht ein großer Unterschied zwischen individuellem Mut und kollektivem Mut? Wird ein System automatisch mutiger und handlungsstärker, wenn die Menschen, die sich darin befinden, mutiger werden? Wie kann ein System dazu beitragen, dass die Menschen für mutiges, eigenverantwortliches Handeln belohnt werden? Wo sind die Grenzen? Das sind Fragen, die ich mir stelle und auf die ich keine abschließenden Antworten habe. Trotzdem will ich zum Ende dieses Buches die Möglichkeiten aufzeigen, die mit mehr Mut im Unternehmenskontext verbunden sein können. Ich greife dafür auf meine und Juliane Kluges Erfahrungen als Berater, Coaches und Trainer zurück und auf die Ideen und Gedanken von einigen mutigen Vordenkern, die mich beeindrucken und die auf meine Arbeit Einfluss haben.

Die alte, vertraute Welt, in der wir uns seit Jahrhunderten bewegt haben, zeichnete sich durch ein hohes Maß an Kontinuität aus. Der Veränderungsdruck auf die Unternehmen und die Dynamik, mit der sich das Umfeld einer Organisation veränderte, waren gering. Kunden hatten relativ vorhersehbare, stabile Bedürfnisse, die Konkurrenz war regional überblickbar. In der alten, vertrauten Welt wurden viele Entscheidungen unter einer übersichtlichen Anzahl von Möglichkeiten getroffen. Viele der Möglichkeiten konnten mit Wahrscheinlichkeiten für deren Eintritt berechnet werden. Algorithmen und mathematische Modelle haben uns geholfen, diese Risiken abzuschätzen.

Leben in Kontinuität

Mein Vater wurde 1935 in die Kriegs- und Nachkriegszeit hinein geboren. Er kannte Hunger und Entbehrung in einem Ausmaß, das mir nie begegnet ist. Nach seinem Fachabitur entschied er sich entgegen dem Wunsch seines Vaters gegen ein Ingenieurstudium und absolvierte stattdessen eine Lehre als Industriekaufmann. Ich weiß nicht, wie er damals auf den VW-Händler

Mahag gestoßen ist, da er leider nicht mehr lebt und ich ihn daher nicht mehr fragen kann. Aber ich weiß, dass mein Vater sein ganzes Leben lang der Mahag als Gebrauchtwagenhändler treu geblieben ist. Er hatte über vierzig Jahre denselben Chef und sein Leben als Verkäufer war nur sehr wenigen Veränderungen unterworfen. Die einzige Veränderung, die ich als Kind mitbekommen habe, war der Wechsel der Verkaufsstelle von einem Ende der Stadt an das andere Ende. Alles andere schien mir unendlich stabil und unveränderbar. Auch wenn ich an die Freunde meiner Eltern denke, finde ich diese Stabilität und Vorhersehbarkeit. Einer der Freunde arbeitete sein ganzes Leben bei Siemens. Der andere wechselte einmal seine Arbeitsstelle von einem Forschungsinstitut zu einem anderen, was damals einem Tsunami an Veränderung gleichkam.

Mit Sicherheit ließe sich die alte, vertraute Welt noch differenzierter beschreiben. Uns genügen zunächst folgende wichtige Aspekte:

Die alte Welt war weniger dynamisch und es gab weniger Veränderungsdruck. Für die Probleme, die es zu lösen galt, gab es eine überschaubare Menge an Möglichkeiten. Die zukünftigen Entwicklungen konnten in vielen Bereichen besser antizipiert werden.

Es erstaunt nicht, dass Unternehmen in der alten, relativ sicheren und überschaubaren Welt mit einem mechanistischen Organisationsverständnis geführt wurden. Sie wurden durch klare Machthierarchien strukturiert, Prognosen über die zukünftigen Entwicklungen bildeten die Basis für Strategien und Masterpläne. Macht war verbunden mit Stärke, Souveränität und Durchsetzungskraft. Über viele Jahrzehnte hat uns diese mechanistische Form der Organisation Erfolg und Reichtum gebracht. Insbesondere in den letzten Jahrzehnten hat sich das Managementverständnis aber bereits gewandelt: Es wird versucht, partizipativer zu führen, Menschen nicht nur durch Anordnungen, sondern auch durch Anreize zu motivieren.

Immer mehr wird uns bewusst, dass diese alte, vertraute Welt der Vergangenheit angehört. Selbst wenn wir wollten, könnten wir das Rad nicht zurückdrehen. Die neue Welt, in der wir uns bewegen, ist unglaublich schnell und dynamisch und es herrscht ein immenser Veränderungs- und Konkurrenzdruck. Nicht nur der regionale Konkurrent ist im Auge zu behalten, in der ganzen Welt entstehen neue Geschäftsfelder und potenzielle Konkurrenten. Die Wünsche und Bedürfnisse der Kunden ändern sich schnell und sind nicht einfach zu prognostizieren. Bei dieser hohen Komplexität besteht so gut wie keine Möglichkeit für seriöse, langfristige Prognosen, wie sich ein Geschäftsfeld entwickeln wird. Auf der anderen Seite steht durch die Transparenz im medialen Sektor über Nutzerprofile, Präferenzen und Trends eine Unmenge an Informationen zur Verfügung.

Unsere Organisationen stehen also am Gap und fragen sich, wie sie dieses Gap zwischen alter, stabiler und neuer, dynamischer Welt überwinden können, ohne in den Spalt zu fallen und zu scheitern. Welches neue Verständnis von Organisation, Entscheidungsfindung und Führung braucht es, um für die neue Welt gerüstet zu sein?

Es braucht nicht viel Fantasie und Einfühlungsvermögen, um sich vorzustellen, dass die Menschen in Organisationen, die am Gap stehen, voller Irritation die neue Welt wahrnehmen und Angst bekommen. Alte, tief liegende Ängste greifen bei so viel Unsicherheit und Veränderung um sich. Die Angst, die Kontrolle zu verlieren. Die Angst, Fehlentscheidungen zu treffen. Die Angst, an Bedeutung zu verlieren. All diese Ängste können wir tagtäglich in Organisationen beobachten. Es gibt eine Fülle von Symptomen, die uns darauf hinweisen: Überbordende Dokumentations- und Absicherungsstrukturen, Festhalten an Statussymbolen und Machtinsignien, immer wieder verschobene Entscheidungen, Flucht vor der Verantwortung sind nur einige davon. Wenn Sie in einem größeren System arbeiten, sei es nun eine Profit- oder eine Non-Profit-Organisation, wissen Sie genau, wovon ich spreche. Wir haben uns mittlerweile so daran gewöhnt, dass eine Welt ohne diese Symptome nicht mehr vorstellbar ist. Aber muss das

so bleiben? Kann es nicht vielleicht gelingen, das Gap erfolgreich zu überwinden und im Neuland neue Formen der Organisationsführung zu lernen?
Unternehmen und Organisationen werfen eine Menge ins Gap, wenn es
ihnen nicht gelingt, Ihre Ängste und die damit verbundenen Symptome zu
überwinden. Sie werfen Kreativität, Energie, Freude, Flexibilität, Innova-
tionsgeschwindigkeit, Kundenorientierung und nicht zuletzt oft auch den
Erfolg in das Gap.

Wie kann der Encourage-Ansatz dort unterstützen? Welche Brücken können wir bauen, um den Weg in die neue Welt mit Erfolg zu gehen? Mich
beeindruckt die Arbeit von Frederik Laloux. Der ehemalige McKinsey-Be-
rater war frustriert von der Seelenlosigkeit von Unternehmen, er hatte den
Glauben an die permanenten Optimierungsprogramme verloren. So begab
er sich auf die Suche nach neuen Ansätzen für die Führung von Organisationen und machte erstaunliche Entdeckungen. Fast zeitgleich hatten
einige Unternehmensleiter, ohne voneinander zu wissen, begonnen, neue
Wege im Management von Unternehmen zu gehen. An unterschiedlichen
Orten der Welt hatten Menschen das Bedürfnis, sich von den alten, vertrauten Strukturen der Unternehmensführung radikal zu verabschieden
und neue Wege auszuprobieren. Laloux hat diese neuen Wege untersucht
und folgende drei zentrale Innovationen identifiziert (Laloux 2015):

1. Selbstorganisation
Ähnlich unserem Gehirn, einer Zelle oder der gesamten Weltwirtschaft
haben die Unternehmensleiter ihre Organisation als ein hochkomplexes
System verstanden, das keiner expliziten Führung bedarf, sondern nur mit
sich selbst organisierenden Prozessen in der Lage ist, zu überleben. Nicht
Hierarchien und Machtstrukturen bestimmen diese neuen Strukturen, sondern klare Prinzipien, wie entschieden wird.

2. Ganzheitlichkeit

In unserer alten, sicher kalkulierbaren Welt konnten Menschen sich durchsetzen, die stark im Bereich der Ratio und wenig im Bereich der Intuition agierten. Die Pioniere, deren Arbeit Laloux untersuchte, versuchten, den ganzen Menschen in ihre Organisationen einzuladen. Sie versuchten, eine Kultur der Sicherheit und des offenen Miteinanders zu entwickeln, die es möglich macht, auch intuitive Seiten und tief liegende Wünsche und Sehnsüchte der Mitarbeiter in die Arbeit zu integrieren.

3. Evolutionärer Nutzen:

Nicht einfach nur Profitmaximierung treibt diese Pioniere an, sondern ein Unternehmenszweck, der auch über ökonomische Belange gestellt werden kann. Warum tun wir dies alles? Was wollen wir damit wirklich erreichen? Dies sind die Kernfragen, die die Orientierung für das unternehmerische Handeln geben.

Liest man diese drei Punkte, entsteht schnell die Idee, es handle sich um eine sozialromantische Vorstellung von Unternehmensführung, die dem knallharten Wettbewerb nicht standhalten kann. Und Laloux konstatiert selbst, wie überrascht und auch skeptisch er anfangs reagierte. Doch offensichtlich beginnt, sich an unterschiedlichen Stellen der Welt eine radikale Umkehr von der bisherigen Führung von Organisationen zu entwickeln, die zu unserem größten Erstaunen nicht im betriebswirtschaftlichen Desaster, sondern neben einer höheren Zufriedenheit von Mitarbeitern und Kunden zu einem enormen betriebswirtschaftlichen Erfolg führen kann.

Selbstverantwortung und Kreativität statt Druck und Kontrolle

Jos de Blok gründete 2006 Buurtzorg, eine ambulante Nachbarschaftspflege, in der er sich radikal von dem Managementverständnis und -methoden verabschiedete, die er als Geschäftsführer eines kommunalen Pflegeunternehmens kennengelernt hatte. Statt Hierarchien einzuführen, arbeitete er mit kleinen, unabhängigen Pflegeteams von zehn Personen, die selbstständig und eigenverantwortlich Entscheidungen treffen konnten. Kein Manager or-

ganisierte und taktete die Arbeitsabläufe und Aufgaben, sondern das Team organisierte sich selbst. Kamen sie nicht weiter und brauchten Hilfe, wurde ihnen ein im Metier erfahrener Coach an die Seite gestellt.

Als evolutionären Zweck von Buurtzorg definierte die Organisation, den Patienten zu maximaler Autonomie zu verhelfen. Statt Listen und Vorgaben für Pflegetätigkeiten zu erstellen, statt die zeitlichen Budgets für die Pflegeaufgaben zu minimieren, gab Buurtzorg den Pflegern die Freiheit und den Raum, mit ihren Kunden zu sprechen und zu verstehen, was diese wirklich brauchten. Die Erfolgsgeschichte von Buurtzorg ist beeindruckend. Gestartet ist Buurtzorg mit sieben Mitarbeitern, mittlerweile arbeiten neuntausend Mitarbeiter dort. Die betriebswirtschaftlichen Kennzahlen heben sich deutlich positiv von denen anderer Pflegeunternehmen ab. Die Unternehmensberatung KPMG hat analysiert, dass die Kosten pro Patient im Vergleich bei Buurtzorg deutlich niedriger liegen als bei anderen Marktanbietern. Jos de Blok ist mit seinem revolutionären Ansatz zu einem Modell für das neue Verständnis von Unternehmensführung geworden. Nicht Dokumentation, nicht Kontrolle, nicht Führung von oben legen die Grundlage für den Erfolg, sondern die Idee, an dem anzusetzen, was Pflegekräfte wirklich erreichen wollen. Ein von Vertrauen und Klarheit geprägtes Umfeld, in dem die Teams eigenverantwortlich arbeiten, prägt das Modell und das Unternehmen.

12.2 Encourage in Organisationen

Die Unternehmen, die Frederik Laloux beschreibt, sind innovativ und in ihren Ansätzen sehr radikal. Ihre Ansätze sind mit Sicherheit nicht naiv auf andere Firmen übertragbar. Aber die Beispiele weisen mutig neue Wege des Organisationsverständnisses. Was bedeuten diese Ansätze für die Encourage-Idee? Wie lassen sich diese neuen Formen von Organisationsentwicklung mit dem Ansatz von mehr Mut und Handlungsstärke verbinden? Für eine Organisation in der neuen, dynamischen Welt ist es zentral, das innere Wofür zu kennen und einen für die Mitarbeiter sinnhaften Unternehmenszweck zu verfolgen. Laloux nennt dies den evolutionären Nutzen. Je klarer dieser Nutzen sichtbar ist, je stärker er mit dem verbunden ist, was die Mitarbeiter wirklich wollen, desto mehr werden sie ihre gesamte Energie und all ihre Potenziale einbringen. Der evolutionäre Nutzen dient als Orientierungspunkt, um das Gap und damit die Ängste der Organisation zu überwinden.

In einem Umfeld, das sich schnell verändert, das weniger vorhersehbar ist und in dem es starken Konkurrenzdruck gibt, nimmt die Unsicherheit deutlich zu. Die Fähigkeit, Unsicherheit auszuhalten und trotz Unsicherheit zu handeln, wird zum zentralen Wettbewerbsvorteil. »Was wir brauchen«, sagt Gerd Gigerenzer vom Max-Blanck-Institut für Bildungsforschung, »ist Risikokompetenz.« (BR-alpha-Serien, 2015, Folge 5) Dabei gehe es nicht nur allein um den richtigen Umgang mit Daten und der analytischen Einschätzung von Risiken, sondern auch darum, die Intelligenz des Unbewussten und die Macht der Intuition einzubeziehen. Jeder könne den Umgang mit Ungewissheit und Risiko lernen. Immer weniger wird es darum gehen, die eine richtige Entscheidung zu treffen. Viel wichtiger ist geworden, klug und schnell aus den Erfahrungen im Neuland der neuen, dynamischen Welt zu lernen.

Ich arbeite vorrangig auf der individuellen Ebene mit Mitarbeitern und Führungskräften daran, persönliche Gaps wahrzunehmen und zu überwinden. Meine ersten Erfahrungen zeigen: Menschen, die sich mehr trauen, führen zu einem veränderten kollektiven Verhalten. Damit dieses Verhalten aber tatsächlich auf fruchtbaren Boden im Neuland fällt, müssen häufig Anreizsysteme, Meeting-Kulturen und Kommunikationswege verändert werden. Das setzt voraus, dass auch auf höchster Ebene die Bereitschaft, zu lernen und sich zu verändern, vorhanden ist. Ich will Ihnen durch einige Beispiele eine erste Idee geben, wie sich Mut in der Unternehmenskultur ausdrücken kann.

Mutige Mitarbeiter

Wenn Mitarbeiter den Mut-Gedanken ernsthaft aufnehmen, verändert sich ihr Verhalten im beruflichen Kontext. Mitarbeiter, die stärker mit sich selbst verbunden sind, spüren die Verantwortung, dementsprechend zu handeln. Sie passen sich weniger an und ordnen ihre eigene Meinung nicht mehr automatisch unter. Sie wagen vermehrt, zu widersprechen, kritisches Feedback zu geben und sich gegen die Gruppen- oder Vorgesetztenmeinung zu stellen. Erst dadurch wird echte Zusammenarbeit in der Gruppe möglich und eine neue Form der Intelligenz der Gruppe nutzbar. Nicht durch emotionale Ausbrüche oder Aufrufe zur Revolte wird dieser kritische Geist gezeigt, sondern in ruhigen, klaren und persönlichen Worten vertreten Mitarbeiter ihre Meinung und geben danach den anderen Raum für deren Sichtweise. Schrittweise lernen Mitarbeiter, dass klares Auftreten und Offenheit für die Sichtweise des anderen sich nicht gegenseitig ausschließen. Diese Verhaltensänderung aus der Anpassung heraus in das Neuland der Klarheit ist kein Hebel, der einmalig umgelegt wird. Es ist ein fortdauernder Prozess, der maßgeblich vom Feedback im Neuland gestärkt oder geschwächt wird. Überlegen Sie sich als Vorstand mit Ihren Führungskräften also gut, ob Sie wirklich mutige, kritische Mitarbeiter entwickeln wollen. Entscheiden Sie, ob Sie es aushalten können, dass in Ihrem Unternehmen ein ehrlicher und kritischer Geist Einzug hält.

Weniger verdeckte Widerstände

In vielen Unternehmen erlebe ich eine zähe Schicht des verdeckten Widerstandes. Es wird nicht offen rebelliert. Im Gegenteil: Der Widerstand ist meist ausgesprochen indirekt. Maßnahmen werden am Ende doch nicht umgesetzt. In Meetings sprechen nur wenige, aber hinter dem Rücken von Führungskräften und Kollegen wird gejammert und gelästert. Viele engagierte Führungskräfte scheitern an dieser zähen Widerstandsschicht. Durch Encourage werden Mitarbeiter zum kritischen, ehrlichen Feedback, aber auch zur Eigenverantwortung motiviert. Sie holen ihre Eigenverantwortung, die sie vorher ins Gap geworfen haben, zurück. Verdeckter Widerstand verträgt sich mit dem Grundgedanken von mutigem Handeln einfach nicht. Widerstand kann auch aus dem Auseinanderfallen des eigenen inneren Wofür und dem nicht nachvollziehbaren oder davon abweichenden Unternehmenszweck entstehen. Im Zweifel kann dies dazu führen, den Mut aufzubringen, das Unternehmen zu verlassen. Dies kann sowohl für die Mitarbeiter als auch für das Unternehmen befreiend wirken. Je mehr Menschen sich in einer Organisation finden, die sich mit dem Nutzen, der erreicht werden soll, identifizieren können, desto mehr Energie wird entstehen. Durch positiven sozialen Druck und Transparenz wird das Arbeiten mit einer Haltung von innerer Kündigung immer schwieriger.

Eigenmotivation nimmt zu

Wie oben beschrieben, erhöht Encourage deutlich die Selbstwirksamkeit von Menschen. Dies wird auch am Verhalten von Mitarbeitern bemerkbar. Angenommen die Mitarbeiter beginnen, sich mehr einzubringen und stärker ihre eigenen Meinungen und Ideen zu vertreten. Angenommen das Unternehmen ist in der Lage, mit diesem kritischen Geist adäquat umzugehen, und Initiative und Aufrichtigkeit werden begrüßt. Es wird ruhig sortiert, welche Vorschläge umsetzbar sind und welche nicht. Die Mitarbeiter werden die entscheidende Erfahrung machen, dass sich ihr kluger Mut lohnt. Sie werden erleben, dass sie durch ihr Verhalten wirksam werden. Wie Professor Hans Werner Bierhoff von der Ruhr Uni Bochum herausgefunden hat, ist die Erfahrung von Selbstwirksamkeit das wichtigste Kriterium für Eigenmotivation und Leistungsbereitschaft (Bierhoff 2012). Schaffen wir es, Organisationen zu entwickeln, in denen Mitarbeiter selbstwirksam werden können, legen wir die Basis für Motivation und Leistung.

Leistung in Grenzen

Encourage ermutigt Mitarbeiter und Führungskräfte, ihre Leistungsgrenzen ernst zu nehmen. Es ermutigt sie, klar und deutlich aufzuzeigen, wenn sie am Limit sind und die Arbeit zunehmend Frust erzeugt. Es ermutigt sie, Prioritäten zu setzen. All das hat zur Folge, dass Mitarbeiter nicht mehr bereit sein werden, bis zur Erschöpfung für das Unternehmen zu agieren. Es hat zur Folge, dass Auszeiten und Pausen ernst genommen werden und neue Wege der Regeneration gesucht werden. Ich gehe davon aus, dass Unternehmen, die sich dauerhaft über der Leistungsgrenze bewegen, auf lange Sicht nicht erfolgreich sein können. Der Fokus auf die Leistbarkeit zwingt die Organisation zudem, Prozesse zu verschlanken und Dokumentation und Kontrolle zu reduzieren.

Mutige Führungskräfte

Noch sind wir in den meisten Unternehmen von einer Organisation ohne Machthierarchie weit entfernt und vielleicht wird dies für manche Organisationen niemals realisierbar sein. In jedem Fall aber können Führungskräfte lernen, ihre Rolle in einer neuen und innovativen Form zu leben. Mitarbeiter haben ein tief liegendes Bedürfnis nach Klarheit und Orientierung. Wenig kann Menschen so verunsichern wie Situationen, die sie nicht einschätzen können. Wann wird sich die Geschäftsführung entscheiden, wie es mit unserer Abteilung weitergehen soll? Wie informieren wir unsere Kunden darüber, dass so viel Personal in der Kundenbetreuung abgebaut wird? Warum haben wir die neue Maschine noch immer nicht? Fragen wie diese und viele mehr beschäftigen Mitarbeiter. Fehlende Antworten schaffen Unsicherheit und Frustration. Nach so vielen Jahren im Training und Coaching von Mitarbeitern und Führungskräften unterschiedlicher Ebenen habe ich die Erfahrung gemacht, dass Mitarbeiter sehr genau wissen, welche Führungskräfte sie wirklich schätzen. Sie respektieren eine Führungskraft, wenn diese klar, aufrichtig und berechenbar ist. Mitarbeiter sind bereit, eine Menge auszuhalten und mitzutragen, wenn sie ihrer Führungskraft vertrauen und wenn sie die Erfahrung gemacht haben, dass sich diese in kritischen Situationen hinter sie stellt.

Auch wenn der Vergleich auf mancher Ebene hinkt, fällt mir auf, dass meine Kinder sich zumeist sehr einig sind, welche Lehrer sie wirklich schätzen und respektieren – und das sind nicht unbedingt die soften Lehrer, sondern eher die anspruchsvollen, aber zugleich klaren Lehrer. In ähnlicher Weise stimmen Mitarbeiter darin überein, welche Führungskraft sie wirklich schätzen. Meist sind dies nicht die lauten, Raum nehmenden Personen, die mit aller Macht versuchen, Autorität auszustrahlen. Aber genauso wenig sind es die ewig lavierenden Menschen, die sich nach allen Seiten absichern und nur schwer zu fassen sind. Bei Führungskräften wie Lehrern werden die Menschen respektiert, die klar und aufrichtig zu ihrer Meinung stehen – auch wenn es wehtut. Führungskräfte, die Konflikten nicht aus dem Weg gehen und diese auf Augenhöhe lösen, die Entscheidungen treffen und zu deren Konsequenzen stehen, werden respektiert. Ebenso beeindruckt es Mitarbeiter wie Schüler, wenn Führungskräfte zu Fehlern, die sie gemacht haben, stehen und gemeinsam neue Lösungen suchen. All diese Qualitäten vermittelt Encourage. Die Idee für dieses emotionale Mut-Training ist nicht zuletzt aus der Erkenntnis entstanden, dass Mut, Klarheit und Entscheidungskraft in unserer Managementwelt viel zu wenig ausgeprägt sind.

Mehr Überzeugungskraft

Encourage ermutigt Menschen, zu ihrer inneren Stimme zurückzukehren und mit ihren tief liegenden Werten und Bedürfnissen in Verbindung zu kommen. Das Umfeld spürt sehr genau, ob Führungskräfte ohne innere Überzeugung und Engagement agieren oder ob sie in ihrem Handeln mit den eigenen Werten übereinstimmen. Nicht immer und in allen Fällen ist dies im Tagesgeschäft möglich. Doch immer aufs Neue den Weg zu suchen, in Kongruenz mit den eigenen Werten zu leben, ist eine Kern-Idee von Encourage. Aus dieser inneren Überzeugung heraus wächst äußere Überzeugungskraft.

Wettbewerbsvorteil durch Entscheidungsstärke

Wer sich den Preis bewusst macht, der durch Nichthandeln und Nichtentscheiden entsteht, verändert seine Perspektive und oft auch seine Entscheidung. All die Werte und Möglichkeiten, die bei Nichthandeln ins Gap geworfen werden, werden schmerzhaft vor Augen geführt. Dies hilft, ins bewusste Handeln zu kommen. Das gilt im privaten Umfeld genauso wie im beruflichen. Mut und Entscheidungsfindung sind eng miteinander verbunden. In unseren Unternehmen werden Entscheidungen häufig nicht danach getroffen, welche Entscheidung für das Unternehmen die beste ist, sondern mit welcher Entscheidung sich Entscheidungsträger am besten absichern können. Professor Gerd Gigerenzer vom Max-Planck-Institut in Berlin forscht seit Jahren auf dem Gebiet der Entscheidungsfindung in Organisationen. Gigerenzer hat Manager befragt, die selbst angaben, häufig die aus ihrer Sicht nicht beste Entscheidungsalternative zu wählen, sondern die, mit der sie sich besser absichern können. Das bedeutet, die Entscheidungsträger handeln entgegen ihrer inneren Einschätzung, weil sie Angst vor den Konsequenzen haben, wenn sich ihre Festlegung im Nachhinein als Fehlentscheidung erweist. Insbesondere in Entscheidungssituationen, die von komplexen Umgebungen geprägt sind, in denen die Risiken nicht vollständig abgeschätzt werden können, wird diese Form von Defensiventscheidung zum eklatanten Wettbewerbsnachteil. In diesen komplexen Entscheidungssituationen hat Gigerenzer nachgewiesen, dass eben nicht allein umfassende Zahlen, Daten, faktenbasierte Pro- und Kontra-Abwägungen oder Risikoanalysen die Entscheidungsqualität verbessern, sondern einfache Heuristiken (als Heuristik wird die Kunst beschrieben, mit begrenztem Wissen oder unvollständigen Informationen und wenig Zeit dennoch zu praktikablen Lösungen zu kommen), die im Bereich der intuitiven Entscheidungsfindung liegen. Diese oft auf einem gefühlten Wissen getroffenen Entscheidungen sind in komplexen Situationen unter Unsicherheit deutlich besser. Allerdings lassen sie sich rational oft nicht vollständig begründen und bieten dem Entscheidungsträger daher keine Absicherungsmöglichkeiten. Geht die Entscheidung schief, gibt es kein Sicherheitsnetz von umfassenden Risikoanalysen oder Gutachten, auf die sich der Entscheidungsträger beziehen kann. Die intuitive Form der Entscheidungsfindung fordert Mut vom Entscheidungsträger und eine positive Fehlerkultur, bei der Fehler nicht als Versagen gewertet werden, sondern als natürlicher Bestandteil eines ständigen Lernens. Die jetzt bestehende Absicherungskultur muss von einer positiven Fehlerkultur abgelöst werden. Damit können unschätzbare Wettbewerbsvorteile gewonnen werden.

Fasst man die Ergebnisse von Gigerenzer zusammen, fehlt es in Unternehmen an Mut, Entscheidungen zu treffen, die intuitiv und nicht rational begründbar sind, und an dem Mut, aus Fehlern konsequent und systematisch zu lernen, statt nach Schuldigen und Verantwortlichen zu suchen.

Wirkungen auf das gesamte System

Wenn der Mut-Gedanke von Geschäftsführung, Führungskräften und Mitarbeitern ernst genommen wird, verändert sich die Kultur des Systems deutlich. Konflikte werden offener ausgetragen. Es kann spannungsreicher und auch anstrengender sein, zu Entscheidungen zu kommen. Aber einmal getroffene Entscheidungen werden umgesetzt. Die Systembeteiligten lernen zunehmend, unterschiedliche Sichtweisen und echten Diskurs auszuhalten. Die Eigenverantwortung aller Systembeteiligten wächst deutlich. Die Menschen werden greifbarer, weil sie sich persönlich zeigen. Insgesamt wird das Potenzial aller Beteiligten mehr ausgenutzt.

Meine Kollegin Juliane Kluge ist seit einigen Jahren in Unternehmen tätig, die mit agilen Techniken und einer stark auf Selbstorganisation basierenden Unternehmenskultur arbeiten. Die agilen Methoden oder genauer der Begriff »Agile Softwareentwicklung« ist ein Oberbegriff für den Einsatz von Agilität (lateinisch agilis: flink; beweglich) in der Softwareentwicklung. Das Besondere an agilen Projekten im Gegensatz zu klassischen Vorgehensweisen ist, dass eine flexible Softwareerstellung angestrebt wird, die berücksichtigt, dass Anforderungen und Möglichkeiten im Entstehungsprozess beispielsweise von Internetsoftware sich schneller ändern können, als einem manchmal lieb ist. Wenn dennoch stets ein nutzbares Produkt am Ende des Entwicklungsprozesses vorliegen soll, dann müssen die Entwickler sich in kurzen Abständen abstimmen und auch Entwicklungsvorgaben verändern dürfen.

Viel von den Ansätzen von Laloux findet sich in der agilen Arbeitsweise wieder. Julianes Erfahrung zeigt: Solange nur Techniken und Appelle mit der agilen Idee verbunden sind, können viele ambitionierte Ziele nicht erreicht werden. Den Menschen in agilen und auf Selbstorganisation basierenden Systemen muss die Möglichkeit gegeben werden, sich innerlich mit zu entwickeln. Ihnen muss Raum gegeben werden, sich über ihre möglichen Ängste und Barrieren bewusst zu werden. Und Sie benötigen das Know-how, wie diese Barrieren überwunden werden können. Sie brauchen kommunikative Werkzeuge, um sich klar und respektvoll auszudrücken und Grenzen aufzuzeigen. Wird in die Menschen und deren Entwicklung investiert, kann ein gemeinsamer Weg zu mehr Selbstorganisation, innerer Leistungsbereitschaft und Freude am Tun gefunden werden.

Aber alleine die Entwicklung von Kompetenzen und die Überwindungen von individuellen Ängsten sichert nicht die erfolgreiche Einführung agiler Techniken. Wenn den Mitarbeitern diese Fähigkeiten im erweiterten Organisationsrahmen wieder abgesprochen werden und sie den Verlust an Selbstwirksamkeit spüren, kann dies sogar zu einer gegenteiligen Wirkung führen. Die Arbeit mit auf Selbstorganisation und Eigenverantwortung basierenden Werkzeugen kann nur funktionieren, wenn Geschäftsführung und Management sich mutig dieser neuen Form der Zusammenarbeit stellen und ihre bisherigen Machthierarchien hinterfragen.

Potenzial in den Feierabend stecken

Im Coaching begegnen wir naturgemäß Menschen, die mit ihrer augenblicklichen beruflichen Situation nicht zufrieden sind. Wir treffen hoch engagierte Mitarbeiter und Führungskräfte, denen jegliche Freude und Zufriedenheit an ihrer Arbeit verloren gegangen ist. Ich erinnere mich an ein Team von hoch motivierten jungen Programmierern, die kollektiv unter einem System des mangelnden Vertrauens litten. Ihnen war nicht erlaubt, den Kundennutzen im aktuellen Projekt umzusetzen und umzusteuern, weil ihre klaren Anregungen darüber, was der Kunde eigentlich umgesetzt haben wollte, kein Gehör fanden. Daraufhin entwickelten sie am Feierabend ein ähnliches Produkt mit ihren Innovationen und spielten dies in einer Open-Source-Plattform ein.

Wie viel Potenzial und Freude entgehen unseren Unternehmen auf diese Weise? Wie viele kluge Ideen werden nicht verwirklicht, weil die Strukturen es nicht zulassen?

Nicht nur der Preis, den die Unternehmen zahlen, ist hoch, auch der Preis, den die Menschen in den Systemen zahlen, ist immens. Über einen längeren Zeitraum begleitete ich den kaufmännischen Leiter eines Klinikverbundes.

Ausgebrannt

Marc, ein sehr engagierter, kluger Mann Anfang dreißig investierte all seine Kraft und seinen Idealismus in die Veränderung des auf Hierarchie, Macht und Absicherung basierenden Klinik-Systems. Die Mitarbeiter schätzten ihn und gaben ihm ihr Vertrauen. Aber über die Jahre veränderte sich Marc. Er schlief immer schlechter, verlor die Freude an der Arbeit und seine Begeisterung. Immer wieder stellte er sich die Frage, welche inneren Entwicklungsschritte er machen müsste, um in diesem Klinik-System erfolgreich und zufrieden zu sein. Am Ende zog er die Reißleine und entschied sich, in die Selbstständigkeit zu gehen. Er spezialisierte sich auf die Beratung und Begleitung von Veränderungsprozessen in Kliniken. Noch heute spürt man, wie extrem belastend sein letztes Jahr in der Klinik für ihn gewesen sein muss. Er sei im Nachhinein schockiert, wie lange er ausgehalten und wie sehr er sich verändert habe. Erst im Nachhinein, mit dem distanzierten Blick zurück, ist ihm dieses Ausmaß an innerer Deformierung bewusst geworden.

So viele Menschen halten in Systemen aus, finden tapfer jeden Tag wieder den Weg in die Arbeit, obwohl sie innerlich zugrunde gehen. Die Verantwortung dafür ist nicht allein bei den Unternehmen und Führungskräften zu suchen. Nach meiner Erfahrung versuchen nicht nur die meisten Mitarbeiter, einen guten Job zu machen, sondern auch ein Großteil der Führungskräfte. Tief in uns stecken die Erfolgsmuster der alten Welt: Kontrolle, Organisation, Durchsetzungsfähigkeit und wenn es eng wird, das Ruder an sich reißen und im Alleingang alles lösen. Einzelleistungen sind entscheidend, Fehler werden vertuscht und ein Teil der Energie und Zeit geht in die Vermarktung der eigenen Person, des eigenen Bereichs. Das sind tiefe, gewachsene und lange belohnte Muster, um zu überleben. Es ist nicht leicht, diese inneren Muster einfach so aufzugeben. Die wesentliche Ressource, die uns hier helfen kann, ist Mut mit Klugheit zu verbinden und gute Erfahrungen im Neuland zu machen.

Wenn wir dazu einen kleinen Beitrag leisten können, hat sich unser Mut und Engagement gelohnt.

Zusammenfassung

- Das Encourage-Modell lässt sich auf Organisationen übertragen.
- Die alte Welt war von Stabilität und Vorhersehbarkeit geprägt. Das Neuland ist durch eine starke Veränderungsdynamik und mehr Konkurrenzdruck gekennzeichnet.
- Dies erfordert ein Umdenken in der Führung von Organisationen. Machthierarchie, Kontrolle und Absicherungsmechanismen werden von Eigenverantwortung, einem Unternehmenszweck, der mit den Sehnsüchten der Mitarbeiter übereinstimmt, und Selbstorganisation abgelöst.

Kapitel 13:
Ironische Anleitung zum Un-Mut

»Selbst in Mutsachen mutig anders empfinden, als die lederne Tapferkeitsschablone vorschreibt!«

Theodor Fontane (1819 – 1898), deutscher Schriftsteller

In meinen Seminaren frage ich zu Beginn des Trainings unsere Teilnehmer, was sie tun können, damit Mut und Selbstbestimmtheit auf keinen Fall Einzug in ihr Leben halten können. Zunächst sind die Teilnehmer irritiert, aber wenn sie Fahrt aufgenommen haben, macht es ihnen meist eine irrwitzige Freude, sich die vielen Möglichkeiten der Selbstsabotage bewusst zu machen. Immer wieder finden sie Strategien des Verhinderns, die sie tagtäglich unbewusst leben.

Was können Sie tun, um ein mutiges und couragiertes Leben auf jeden Fall zu vermeiden? Wie können Sie sicherstellen, dass Sie sich niemals aus Ihrer sicheren und vertrauten Welt des Nichthandelns bewegen? Wie können Sie sich selbst immer wieder beweisen, dass es keine Möglichkeit zur Veränderung gibt? Halten Sie kurz inne, bevor Sie unsere Anleitung zum Unmut auf sich wirken lassen.

Der Sinn

Falls Sie den großen Fehler gemacht haben, dieses Buch zu lesen, dann legen Sie es spätestens jetzt beiseite. Vergraben Sie es unter einem Ihrer zahlreichen Bücherstapel. Nichts mehr sollte Sie an das bekloppte Thema Mut erinnern, denn es lohnt sich sowieso immer nur, über Mut nachzudenken, wenn man auch die ganz großen und bombastischen Veränderungen herbeiführen kann.

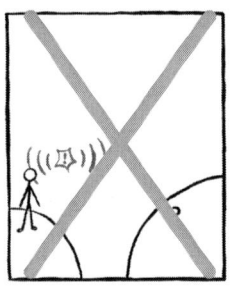

Das Gap

Am besten nehmen Sie die ganze Sache mit dem Gap nicht ernst. Fangen Sie nicht an, darüber nachzudenken, ob es in Ihrem Leben Gaps gibt, die Sie meiden. Kommen Sie ja nicht auf die Idee, sich den Ängsten und Überzeugungen, die Sie in Ihren Automatismen festhalten, zu stellen. Das viele Nachdenken und Reflektieren bringt ohnehin nichts. Meiden Sie alle Situationen, in denen das Gap nur auftauchen könnte. Halten Sie immer ein paar gute Begründungen bereit, warum es auf keinen Fall Sinn macht, ins Handeln zu kommen.

Der Preis

Auf keinen Fall sollten Sie darüber nachdenken, ob und was Sie gelegentlich ins Gap werfen. Ihre Integrität? Ihre Freude? Ihre Selbstwirksamkeit? Gehen Sie lieber davon aus, dass Ihr Gefühl, mehr Zuschauer als Darsteller im eigenen Leben zu sein, nichts aber auch gar nichts mit Ihnen und Ihrem Verhalten zu tun hat.

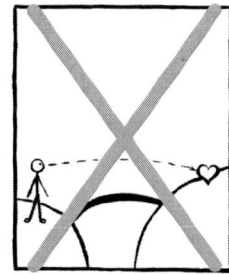

Die Brücke

Übergehen Sie konsequent Ihre innere Stimme, die an der einen oder anderen Stelle darauf hinzuweisen versucht, dass etwas nicht passt. Es gibt viele erprobte Strategien, der inneren Stimme aus dem Weg zu gehen. Richten Sie Ihren Blick konsequent nach außen. Vergleichen Sie sich mit anderen. Denken Sie viel darüber nach, was andere über Sie denken. Wenden Sie den Blick auf keinen Fall nach innen. Nicht nur der Blick nach außen hilft, sich konsequent aus dem Weg zu gehen, auch viel Lärm und Ablenkung stellen eine gute Möglichkeit dar. Halten Sie am besten niemals inne und lassen Sie keine Stille zu. Lenken Sie sich lieber dauerhaft ab. Mit Alkohol, wenn die Welt sich gerade etwas trüber anfühlt, mit Fernsehen, wenn Sie die innere Leere überdecken wollen, mit Surfen im Internet, wenn Sie die Stille nicht aushalten. Es gibt so viele wunderbare Arten, sich selbst aus dem Weg zu gehen. Sie werden Ihre eigenen Favoriten finden.

Falls Sie doch auf die irrwitzige Idee kommen sollten, an der einen oder anderen Stelle mutiger zu sein, verknüpfen Sie den Mut auf keinen Fall mit Ihren inneren Werten und Bedürfnissen. Seien Sie mutig, weil andere es von ihnen erwarten, weil Sie damit Bilder und Klischees erfüllen, denen Sie gerne gerecht werden wollen. Je unbewusster und unklarer Ihnen ist, warum Sie mutig sein wollen, desto besser. Je mehr Ihre Motivation von außen geleitet ist desto hilfreicher.

Am besten haben Sie keine Idee, was Sie im Neuland wirklich erwarten könnte und wofür Sie das Gap überwinden wollen, sondern Sie stolpern ohne Bewusstheit in das neue Land hinein.

Die Unsicherheit

Geben Sie beim ersten Gefühl von Unsicherheit und Unangenehmem möglichst schnell auf. Bekämpfen Sie alle Gefühle von Unsicherheit. Nehmen Sie diese als ein deutliches Zeichen für die Nichtmachbarkeit. Seien Sie ordentlich enttäuscht, wenn es Ihnen nicht gelingt, vollständig ruhig, klar und souverän in das Neuland zu gehen. Was soll das Ganze bringen, wenn Sie die Ameisen im Bauch noch immer spüren?

Der Körper

Lassen Sie auf keinen Fall zu, dass Sie sich stärker und selbstbewusster fühlen. Neigen Sie Ihren Blick, lassen Sie Ihre Schultern nach vorne hängen und gehen und stehen Sie mit krummem nach vorne geneigtem Oberkörper. Vermeiden Sie einen festen und symmetrischen Stand, verlagern Sie Ihr Gewicht von einem Bein auf das andere und scheuen Sie den Kontakt zum Boden. Machen Sie sich so klein wie möglich, am liebsten wären Sie gar nicht da. Können Sie sich vorstellen, wie Ihre Körperhaltung jetzt ist? Schlapp, kraftlos und ohne Blickkontakt zum Gegenüber.

Die Kommunikation

Wenn Sie sprechen, sprechen Sie viel und lang. Lassen Sie keine Pausen und eiern Sie, wenn möglich, lange um den Kern der Sache herum. Zeigen Sie wenig eigene Gefühle und Beteiligung. Was geht es die anderen an, wie Sie sich fühlen? Entschuldigen Sie sich immer wieder für das, was Sie gesagt haben und relativieren Sie es. Seien Sie stark beim anderen, erklären Sie ihm genau, was er alles falsch macht und warum man mit ihm nicht auskommen kann. Auf keinen Fall sollten Sie über sich sprechen und was für Sie wichtig ist.

Erwarten Sie sofort eine positive Reaktion Ihres Gegenübers. Sie können wirklich erwarten, dass dieser von Ihren Gedanken und Ideen begeistert ist, dass er sofort einsichtig ist und sich entschuldigt, und dass er sofort versteht, worum es Ihnen geht.

Falls der andere nicht sofort positiv reagiert, haben Sie die Bestätigung dafür, dass es sich ohnehin nicht lohnt, mutiger zu sein. Am besten ziehen Sie sich beleidigt in Ihr altes, vertrautes Terrain des Nichthandelns zurück.

Der Systemcheck

Suchen Sie nach wirklich ungeeigneten Momenten, in denen Sie mutig sein wollen. Beispielsweise wenn der andere gerade sehr gestresst oder emotional belastet ist oder wenn möglichst viele andere Unbeteiligte zuschauen.

Leben Sie Ihre Emotionen voll aus. Lassen Sie ohne Rücksicht auf andere alles raus. Viel zu lange haben Sie sich untergeordnet und angepasst. Jetzt sind Sie mal dran.

Im Neuland

Wenn Sie sich wider Erwarten entschieden haben, mutig zu handeln und im Neuland angekommen sind: Erwarten Sie sofort einen deutlichen Erfolg im Neuland. Falls dieser nicht eintritt, suchen Sie intensiv nach Spuren dafür, dass es schief gegangen ist. Lassen Sie Ihr überalarmiertes Gehirn möglichst viele negative Geschichten schreiben, bei denen die beteiligten Personen inklusive Sie selbst ordentlich schlecht wegkommen. Nehmen Sie sich Zeit, diese Geschichten bis ins Detail zu formulieren. Erzählen Sie sich das Gedachte immer und immer wieder. Auf keinen Fall sollten Sie Ihre Geschichten mit der Realität abgleichen.

Die Wirkung

Bisher haben Sie sichergestellt, dass es wenig bis gar keine Ernte gibt, die Sie einfahren könnten. Falls Ihnen blöderweise doch etwas gelungen ist, einfach weil Sie mutiger waren, schreiben Sie es dem Zufall zu. Das nächste Mal klappt es sicher nicht.

Falls es wie erwartet schiefgegangen ist, nutzen Sie Ihre Niederlage, um ein abschließendes Resümee zu ziehen: Mut lohnt sich nicht, Mut macht unglücklich und Menschen können sich nicht ändern.

Umsetzung in die Praxis

Halten Sie einen Moment inne. In welchen der beschriebenen Verhaltensweisen erkennen Sie sich wieder? Nehmen Sie sich einige Minuten der ehrlichen Selbstanalyse. Wenn Ihnen bei dieser Reflexion an der einen oder anderen Stelle ein Lachen hochkommt, freuen Sie sich: Sie sind gerade dabei, sich selbst mit einer Prise Humor auf die Schliche zu kommen.

Entscheiden Sie dann, welche von Ihren Selbstsabotagemustern Sie als Erstes verändern wollen. Wofür könnte es sich lohnen? Wie kann Ihnen das Encourage-Konzept dabei helfen?

Danke

Dieses Buch zu schreiben, war für mich ein sehr reales Mut-Projekt. Das Gap tauchte an unterschiedlichen Stellen auf: Als ich einen ersten Entwurf des Exposés meinem anspruchsvollen Ehemann und meiner klugen Freundin Barbara Karuth gab. Als ich Herrn Hoffmann vom BusinessVillage-Verlag angerufen habe, um ihn zu fragen, ob er ein Buch über Mut machen möchte. Als ich das fertige Manuskript meinen Testlesern Ursel Wolf und Anke Schlee schickte. In all diesen Situationen konnte ich die Freude, aber auch die Angst und Unsicherheit spüren, die mit so einem Projekt verbunden sind. Immer wieder haben mir die Inhalte, die ich gerade schrieb, geholfen, weiterzumachen. Aber noch viel mehr haben mich eine Menge enger Freunde, Kollegen und Kooperationspartner bestärkt, gefordert und vor allem ermutigt.

An erster Stelle möchte ich meiner Freundin und Kollegin Juliane Kluge danken. Ohne sie wäre dieses Buch nicht entstanden. Gemeinsam haben wir uns auf die Suche nach dem klugen Mut gemacht, gemeinsam haben wir das Encourage-Konzept entwickelt und in Coaching und Training umgesetzt. Auch beim Schreibprozess war sie immer sehr nah dran, hat Feedback gegeben und viele Ideen eingebracht. Dann möchte ich meinem Mann, Marcel Thum, danken, der wahrlich nicht der personifizierte Ratgeberleser ist und der mit seiner nüchternen, konstruktiven Art einen erheblichen Beitrag dazu geleistet hat, dass das Buch nicht pathetisch und abgehoben geworden ist. Christine Arnstadt danke ich für die wunderbare Umsetzung unserer Encourage-Idee in die Grafiken, die dem gesamten Buch ihre Struktur geben. Auch Joachim Steuerer, der an der Gestaltung des Buchcovers beteiligt war und uns bei allen Encourage-Aktivitäten im Netz unterstützt, gebührt Dank für seine Geduld, sein Engagement und nicht zuletzt für seinen Humor.

Christian Hoffmann vom BusinessVillage-Verlag danke ich für sein Vertrauen und seinen Mut, ein Buch über Mut zu machen. Barbara Karuth für Ihre Freundschaft und Ihre Freude über die Gap-Idee. Anke Schlee und Ursel Wolf für ihr äußerst differenziertes und wertvolles Feedback. Jürgen Krieger danke ich für seine großartige Unterstützung in der Anfangsphase; durch seine Erfahrung und seine Liebe zu Büchern war er ein wichtiger Ratgeber. Ganz am Ende unter großem Zeitdruck ist die Idee entstanden, meinen Kollegen und Freund Walter Wölfe, einen der führenden mentalen Coaches im Spitzensport, als Interviewpartner zu gewinnen. Trotz Urlaub und Terminnot hat er sich Zeit genommen. Danke dafür.

So ein Buch beginnt nicht mit den ersten Worten, die man zu Papier bringt. Es fängt viel früher an und trägt viel von dem in sich, was mich über die Jahre in dieser Arbeit als Trainerin und Coach geprägt hat. Daher möchte ich aus ganzem Herzen Inge und Thomas Dietz danken, die mich vor vielen Jahren ausgebildet haben, dann zur Kollegin machten und mit denen mich nun eine tiefe Freundschaft verbindet. Ich möchte Edgar Geiselhardt danken, nicht nur für die Titel-Idee »Mut zu Veränderung«, sondern auch für seinen Mut und seine Klarheit, die ich oft in der Zusammenarbeit erleben durfte. Meinen »alten« Kollegen Carl Edelbauer, Karin Apfel, John Ireland und Halko Weiss möchte ich danken für all das, was ich mit und von ihnen lernen konnte. Meinen »jungen« Kollegen Roland Wagner, Ursel Wolf und Christian Macke für ihre Begeisterungsfähigkeit und Inspiration.

Und ganz zuletzt möchte ich meiner Familie danken. Meinen Kindern David, Ben und Lilli, meinem Mann Marcel und meiner Mutter. Dafür, dass sie da sind, auch wenn ich mal nicht mutig und stark bin.

Literaturverzeichnis

Berker, Archy de et al. (2016): Computations of uncertainty mediate acute stress responses in humans. Nature Communications 7.

Besser-Siegmund, Cora et al. (2007): Sicheres Auftreten mit wingwave-Coaching. Punktgenaues Emotionsmanagement bei Auftrittsangst. Junfermann Verlag.

Bierhoff, Hans-Werner (2012): Selbstwirksamkeit und Eigenverantwortung. Empirische Studie zur Selbstmotivation. Personalführung 9-2012.

Bieri, Peter (2013): Wie wollen wir leben. dtv-Taschenbuch Verlag.

Bock, Petra (2011): Mind Fuck. Warum wir uns selbst sabotieren und was wir dagegen tun können. Knaur Verlag.

BR-alpha-Serie (2015): Auf den Spuren der Intuition.

Brown, Brené (2013): Verletzlichkeit macht stark. Wie wir unsere Schutzmechanismen aufgeben und innerlich reich werden. Kailash Verlag.

Brown, Brené (2016): Laufen lernt man nur durch Hinfallen. Wie wir zu echter innerer Stärke finden. Kailash Verlag.

Cuddy, Amy (2012): Your body language shapes who you are. TED-Talk. YouTube.

Damasio, Antonio (2002): Ich fühle, also bin ich. Die Entschlüsselung unseres Bewusstseins. List Taschenbuch Verlag.

Dick, Andreas (2010): Mut. Über sich hinauswachsen. Huber Verlag.

Dietz, Thomas und Inge (2012): Selbst in Führung. Achtsam die Innenwelt meistern. Junfermann Verlag.

Dohmen, Thomas et al. (2011): The intergenerational transmission of risk and trust attitudes. Oxford University Press.

Dweck, Carol (2009): Selbstbild. Wie unser Denken Erfolge und Niederlagen bewirkt. Piper Taschenbuch-Verlag.

Först, Regina (2010) Ausstrahlung. Wie ich mein Charisma entfalte. Kösel Verlag.

Fox Cabane, Olivia (2012): Build your personal charisma. YouTube.

Fox Cabane, Olivia (2013): The Charisma Myth. Master the Art of Personal Magnetism. Portfolio Penguin Verlag.

Grawe, Klaus (2004): Neuropsychotherapie. Hogrefe Verlag.

Grzeskowitz, Ilja (2016): Mach es einfach! Warum wir keine Erlaubnis brauchen, um unser Leben zu verändern. GABAL Verlag.

Henke, Judith Momo, (2012): Wut, Schuld und Scham. Drei Seiten der gleichen Medaille. Junfermann Verlag.

Hofmeister, Susanne (2014): Wo stehe ich und wo geht's jetzt hin? Wie Sie den roten Faden im Leben finden. Gräfe und Unzer Verlag.

Jobs, Steve (2005): Standford Commencement Speach. YouTube.

Kotter, John, P. (2011): Leading Change. Wie Sie Ihr Unternehmen in acht Schritten erfolgreich verändern. Vahlen Verlag.

Laloux, Frederick (2015): Reinventing organisations. Ein Leitfaden zur Gestaltung sinnstiftender Formen von Zusammenarbeit. Vahlen Verlag.

Langlotz, Robert (2015): Symbiose in Systemaufstellungen. Mehr Autonomie durch Selbstintegration. Springer Verlag.

Lempart, Horst (2016): Das hab ich alles schon probiert. Warum wir uns mit Veränderung so schwertun. 7 Chains to Change. Jungfermann Verlag.

Lemper-Pychlau, Marion (2015): Erfolgsfaktor gesunder Stolz. Wie Sie Ihre Selbstzweifel loswerden und Ihr Leben genießen. Springer Gabler Verlag.

Matschnig Monika (2009): Mehr Mut zum Ich. Sei du selbst und lebe glücklicher. Gräfe und Unzer Verlag.

Poraj, Alexander (2015): Studentencamp 2015. Podcast: www.benediktushof-holzkirchen.de.

Poraj, Alexander (2016): Enttäuschung. Eine besondere Einführung ins Zen. Kösel Verlag.

Prohaska, Sabine (2016): Lösungsorientiertes Selbstcoaching. Ihrem Ziel näherkommen – Schritt für Schritt. Jungfermann Verlag.

Roth, Gerhard (2003): Fühlen, Denken, Handeln. Wie das Gehirn unser Verhalten steuert. Suhrkamp Taschenbuch Wissenschaft Verlag.

Roth, Gerhard (2015): Persönlichkeit, Entscheidung und Verhalten. Warum es so schwierig ist, sich und andere zu ändern. Clett-Cotta Verlag.

Schmidt-Tanger, Martina (2009): Charisma-Coaching. Von der Ausstrahlungs- zur Anziehungskraft. Präsenz für Wesentliches. Jungfermann Verlag.

Schubert, Christian und Amberger, Madeleine (2016): Was uns krank macht, was uns heilt. Aufbruch in eine neue Medizin. Fischer & Gann Verlag.

Schwartz, Richard (2016): Systemische Therapie mit der inneren Familie. Klett-Cotta Verlag.

Sprenger, Reinhard, K. (2016): Die Entscheidung liegt bei dir! Wege aus der alltäglichen Unzufriedenheit. Campus Verlag.

Storch, Maja et al. (2010): Embodiment. Die Wechselwirkung von Körper und Seele verstehen und nutzen. Hogrefe Verlag.

Storch, Maja (2011): Das Geheimnis kluger Entscheidungen. Piper Verlag.

Storch, Maja (2014): Selbstmanagement – ressourcenorientiert. Theoretische Grundlagen und Trainingsmanual für die Arbeit mit dem Züricher Ressourcen Modell. Hogrefe Verlag.

Tan, Chade-Meng et al. (2015): Search Inside Yourself. Optimiere Dein Leben durch Achtsamkeit. Goldmann Verlag.

Tropper, Doris (2012): Hätte ich doch ... Von Den Sterbenden Lernen. Was Im Leben Wirklich Zählt. mvg Verlag.

Wagner, Angelika et al. (2016): Introvision, Problemen gelassen ins Auge schauen. Eine Einführung. Kohlhammer-Verlag.

Ware, Bronnie (2015): 5 Dinge, die Sterbende am meisten bereuen. Einsichten, die Ihr Leben verändern werden. Goldmann Verlag.

Weiss, Halko, et. al (2016): Das Achtsamkeits-Übungsbuch für Beruf und Alltag. Klett-Cotta Verlag.

Willenskraft

Michael Langheinrich
Willenskraft
Wenn Aufgeben keine Alternative ist
1. Auflage 2016

296 Seiten; Hardcover; 24,80 Euro
ISBN 978-3-86980-341-8; Art.-Nr.: 991

Selbstdisziplin, Entschlossenheit und Durchhaltevermögen sind wohl die hervorstechendsten Eigenschaften von willensstarken Menschen. Scheinbar wie am Schnürchen gleiten sie zum Ziel: Sie widerstehen Verlockungen, überwinden Bequemlichkeit und verkraften selbst herbe Rückschläge.

Doch wie gelingt ihnen diese unerschütterliche Willenskraft? Gerade in der heutigen Zeit, in der eine immer größere Selbstverantwortung und Selbstorganisation der Menschen verlangt wird, ist Willenskraft die entscheidende Fähigkeit, um sich zielkonsequent zu verhalten, über sich selbst hinauszuwachsen und nicht zu früh aufzugeben. Sie ist der Baustein für ein glückliches und erfolgreiches Leben.

Michael Langheinrich nimmt Sie mit auf eine spannende Reise, bringt Ihnen das Konzept der Willenskraft näher und zeigt, wie Sie es in Ihren Alltag integrieren.

Erfolg muss man wollen

»[...] Genauso wie wir uns mit Sport fit halten, sollten wir unsere Willenskraft trainieren. Mit seinem Buch ›Willenskraft. Wenn Aufgeben keine Alternative ist‹ bietet Michael Langheinrich nicht nur einen Einstieg ins Thema. [...] Überzeugend ohne akademische Tiefenbohrung entwickelt Langheinrich Kapitel für Kapitel eine sehr überzeugende Gesamtsicht auf das Thema. [...] Seit etwa zwei Jahren erleben die Begriffe Willenskraft und Disziplin eine gewisse Renaissance in der Ratgeberliteratur. Dieses Buch ist gut durchdacht und leicht lesbar. Die sechs Bausteine des dargestellten Willenskraft-Prinzips kann jeder leicht in der Praxis ausprobieren. [...]« Buch der Woche (Berliner Morgenpost, 38. Woche 2016)

Resilienz

Denis Mourlane
Resilienz
Die unentdeckte Fähigkeit
der wirklich Erfolgreichen
7. Auflage 2015

232 Seiten; Hardcover; 24,80 Euro
ISBN 978-3-86980-249-7; Art.-Nr.: 940

Erfolgreiche Menschen haben eine Eigenschaft, die sie von anderen unterscheidet und doch sofort wahrnehmbar ist: Gelassenheit. Sie meistern schwierige Situationen scheinbar mit Leichtigkeit, persönliche Angriffe prallen an ihnen ab und selbst unter hohem Druck büßen sie ihre Leistungsfähigkeit nicht ein.

Was machen diese Menschen anders? Sie beherrschen die Gelassenheit im Umgang mit sich, mit ihren Mitmenschen und mit den Herausforderungen, die das Leben und ihre tägliche Arbeit für sie bereithalten. Eine Eigenschaft, nach der sich immer mehr Menschen sehnen und die in der heutigen Zeit immer bedeutender wird. Resiliente Menschen verbinden diese Fähigkeit mit einer erstaunlichen Zielorientierung, Konsequenz und Disziplin in ihrem Handeln und erreichen dadurch etwas, was sie von vielen anderen unterscheidet: persönlichen Erfolg UND ein sehr großes Wohlbefinden.

In einer der wahrscheinlich spannendsten Reisen, der Reise zu Ihrem eigenen Leben, bringt Ihnen Dr. Denis Mourlane das Konzept der Resilienz näher und zeigt Ihnen, wie Sie es in Ihren Alltag integrieren.

Buch der Woche im Hamburger Abendblatt am 23./24. März 2013!

Auch du bist mächtig

Richard Gappmayer
Auch du bist mächtig
Wie du deine Gestaltungsmacht entdeckst und
eigene Interessen durchsetzt

232 Seiten; 2016; 24,95 Euro
ISBN 978-3-86980-355-5; Art-Nr.: 998

Jeder Mensch ist mächtig! Wir müssen uns dazu nur unserer eigenen Macht bewusst werden und auch bereit sein, sie einzusetzen. Immer nur »Ja« zu sagen, die Machtansprüche anderer hinzunehmen und klein beizugeben, führt zwar zu einem konfliktfreieren Leben – bringt uns unseren großen Zielen aber nicht näher.

Doch wie erkennt und kultiviert man die eigene Macht und dosiert sie richtig und zielorientiert? Und wo liegt dabei die Grenze zu Machtmissbrauch? Warum braucht positiv genutzte Macht einen Wertekanon?

Richard Gappmayer liefert die Antworten auf diese Fragen. Er räumt auf mit dem weitverbreiteten Irrglauben, dass Macht etwas Negatives sei und immer nur die anderen Macht über uns ausüben können. Der Weg zu mehr Machtkompetenz ist ganz einfach: Macht als Ressource erkennen, ihren Einsatz maßvoll kultivieren und Durchsetzungskraft trainieren. Mehr braucht es nicht, um bisher für unüberwindlich gehaltene Grenzen zu überschreiten und eigene Interessen durchzusetzen.

Wahren Erfolg im Leben ganz ohne Machtausübung gibt es nicht. Wollen auch Sie in diesem Sinne mächtig sein? Es ist Ihre Entscheidung!